Schwäbische-Alb-Radweg

Vom Nördlinger Ries zum Bodensee

Dr. Thomas Wöhrstein

Ein original *bikeline*-Radtourenbuch

bauer

Dr. Thomas Wöhrstein
bikeline®-Radtourenbuch Schwäbische Alb-Radweg
© 2004, **Verlag Esterbauer GmbH**
A-3751 Rodingersdorf, Hauptstr. 31
Tel.: ++43/2983/28982-0, Fax: -500
E-Mail: bikeline@esterbauer.com
www.esterbauer.com

1. Auflage 2004

ISBN 3-85000-132-6

Bitte geben Sie bei jeder Korrespondenz die Auflage und die ISBN an!

Erstellt in Zusammenarbeit mit Tourismus-Marketing GmbH Baden-Württemberg.
Dank an alle, die uns bei der Erstellung dieses Buches tatkräftig unterstützt haben. Das bikeline-Team: Birgit Albrecht, Beatrix Bauer, Grischa Begaß, Karin Brunner, Anita Daffert, Michaela Derferd, Roland Esterbauer, Maria Galbruner, Jutta Gröschel, Dagmar Güldenpfennig, Carmen Hager, Karl Heinzel, Martina Kreindl, Veronika Loidolt, Mirijana Nakic, Niki Nowak, Michael Manowarda, Maria Pfaunz, Toni Pointner, Andreas Prinz, Jenny Reisinger, Petra Riss, Martha Siegl, Gaby Sipöcz, Matthias Thal.

Bildnachweis: Archiv: 72; Birgit Albrecht: 76; Bernhard Mues: 34, 37; Bürgermeisteramt Inzigkofen: 76; Felix Sutschek/Stadt Bopfingen: 18, 19, 20, 21; Ferienregion Lauchertal/Stadt Gammertingen: 66, 67, 68, 70, 72; Fremdenverkehrsverein Nördlingen: 14, 16; Gemeindeverwaltung Eningen: 59; Georg Krause/Stadt Donzdorf: 40, 42; K. D. Spöttl/Stadt Messkirch: 77, 78, 80, 81, 84; Kur- und Touristik Überlingen: 85; Stadt Dettingen: 56, 58; Stadt Heubach: 28, 30, 31, 32; Stadt Lauchheim: 22; Tourismus-Service Aalen: 24; Tourismus-Service Aalen/Peter Kruppa, 25, 26; Tourist-Information Gomadingen: 60, 61, 62; Tourist-Info Stockach: 82, 83; Verkehrsamt Schwäbisch Gmünd: 38; Verkehrsamt Trochtelfingen: 64;

bikeline® und cycline® sind eingetragene Warenzeichen; Einband patentrechtlich geschützt. Alle Angaben gründlich recherchiert, trotzdem ohne Gewähr. Alle Rechte vorbehalten. Kein Teil dieses Buches darf in irgendeiner Form ohne schriftliche Genehmigung des Verlages reproduziert oder unter Verwendung elektronischer Systeme verarbeitet, vervielfältigt oder verbreitet werden.

Dieses Buch wird empfohlen von:

Tourismus Marketing Baden-Württemberg

VCS • VCÖ • VCD Verkehrsclubs

FDNF Fahrradtouristik GbR

NaturFreunde

tour DAS RADMAGAZIN

Bike for Fun

Was ist bikeline?

Wir sind ein junges Team von aktiven Radfahrern und Radfaherinnen, die 1987 begonnen haben, Radkarten und Radbücher zu produzieren. Heute tun wir dies als Verlag mit großem Erfolg. Mittlerweile gibt's bikeline© und cycline© Bücher in vier Sprachen und in vielen Ländern Europas.

Um unsere Bücher immer auf dem letzten Stand zu halten, brauchen wir auch Ihre Hilfe. Schreiben Sie uns, wenn Sie Fehler oder Änderungen entdeckt haben. Oder teilen Sie uns einfach die Erfahrungen und Eindrücke von Ihrer Radtour mit.

Wir freuen uns auf Ihren Brief,

Ihre bikeline-Redaktion

Vorwort

Die Schwäbische Alb – ein Mittelgebirge in Deutschland – erstreckt sich zwischen Nördlinger Ries und Donautal im Bundesland Baden-Württemberg. Der Schwäbische Alb-Radweg durchzieht auf rund 300 Kilometern Länge diese eindrucksvolle Karstlandschaft und die idyllische Hochfläche der Alb. Lassen Sie sich bezaubern von Burgen und Schlössern, erforschen Sie geheimnisvolle Höhlen im Karstgestein, genießen Sie die Gastfreundschaft der Älbler oder lassen Sie einfach die Seele baumeln inmitten einer duftenden Albwiese. Krönender Abschluss ist dann am Ende Ihrer Tour ein wundervoller Blick auf das Schwäbische Meer, den Bodensee. Ganz ohne körperliche Anstrengung ist dies alles jedoch nicht zu erreichen. Als Mittelgebirge fordert die Schwäbische Alb immer wieder Ihre Kondition heraus.

Präzise Karten, genaue Streckenbeschreibungen, zahlreiche Stadt- und Ortspläne, Hinweise auf das kulturelle und touristische Angebot der Region und ein umfangreiches Übernachtungsverzeichnis – in diesem Buch finden Sie alles, was Sie zu einer Radtour auf der Schwäbischen Alb brauchen – außer gutem Radlwetter, das können wir Ihnen nur wünschen.

Kartenlegende *(map legend)*

Die Farbe bezeichnet die Art des Weges:
(The following colour coding is used:)

- ▬▬▬ **Hauptroute** *(main cycle route)*
- ▬▬▬ **Radweg / autofreie Hauptroute** *(cycle path / main cycle route without motor traffic)*
- ▬▬▬ **Ausflug oder Variante** *(excursion or alternative route)*
- ▬▬▬ **Radweg in Planung** *(planned cycle path)*

Strichlierte Linien zeigen den Belag an:
(The surface is indicated by broken lines:)

- ▬ ▬ ▬ **asphaltierte Strecke** *(paved road)*
- ▬ ▬ ▬ **nicht asphaltierte Strecke** *(unpaved road)*
- ▬ ▬ ▬ **schlecht befahrbare Strecke** *(bad surface)*

Punktierte Linien weisen auf KFZ-Verkehr hin:
(Routes with vehicular traffic are indicated by dotted lines:)

- ••• **Radroute auf mäßig befahrener Straße** *(cycle route with moderate motor traffic)*
- ••• **Radroute auf stark befahrener Straße** *(cycle route with heavy motor traffic)*
- ••• **Radfahrstreifen** *(cycle lane)*
- ▬▬▬ **stark befahrene Straße** *(road with heavy motor traffic)*
- ➤ **starke Steigung** *(steep gradient, uphill)*
- ➤ **leichte bis mittlere Steigung** *(light gradient)*
- ⟋3⟍ **Entfernung in Kilometern** *(distance in km)*
- ➤ **Routenverlauf** *(cycle route direction)*

Maßstab 1 : 75.000
1 cm ≙ 750 m   1 km ≙ 13,3 mm

0 1 2 3 4 5 6 7 8 9 10 11 12 13 14 15 km

Schönern sehenswertes Ortsbild *(picturesque town)*
( ) Einrichtung im Ort vorhanden *(facilities available)*
Hotel, Pension; Jugendherberge *(hotel, guesthouse; youth hostel)*
Campingplatz; Naturlagerplatz *(camping site; simple tent site)*
Tourist-Information; Einkaufsmöglichkeit *(tourist information; shopping facilities)*
Gasthaus; Rastplatz; Kiosk *(restaurant; resting place, kiosk)*
Freibad; Hallenbad *(outdoor swimming pool; indoor swimming pool)*
sehenswerte Gebäude *(buildings of interest)*
andere Sehenswürdigkeit *(other place of interest)*
Museum; Theater; Ausgrabungen *(museum; theatre; excavation)*
Tierpark; Naturpark *(zoo; nature reserve)*
Aussichtspunkt *(panoramic view)*
Parkplatz; Parkhaus *(parking lot; garage)*
Schiffsanleger, Fähre *(boat landing; ferry)*
Werkstatt; Fahrradvermietung *(bike workshop; bike rental)*
überdachter ~; abschließbarer Abstellplatz *(covered ~; lockable bike stands)*

Kirche; Kapelle; Kloster *(church; chapel; monastery)*
Schloss, Burg; Ruine *(castle; ruins)*
Turm; Funkanlage *(tower; TV/radio tower)*
Kraftwerk; Umspannwerk *(power station; transformer)*
Windmühle; Windkraftanlage *(windmill; windturbine)*
Wegkreuz; Gipfel *(wayside cross; peak)*
Bergwerk *(mine)*
Denkmal *(monument)*
Sportplatz *(sports field)*
Flughafen *(airport, airfield)*
Quelle; Kläranlage *(natural spring; purification plant)*
⚠ **Gefahrenstelle; Text beachten** *(dangerous section; read text carefully)*
Treppen; Engstelle *(stairs; narrow pass, bottleneck)*
X X X Rad fahren verboten *(road closed to cyclists)*

In Ortsplänen: *(in city maps:)*

Post; Apotheke *(post office; pharmacy)*
Feuerwehr; Krankenhaus *(fire-brigade; hospital)*

Inhalt

3	Vorwort
5	Schwäbische Alb-Radweg
11	Zu diesem Buch
13	Von Nördlingen nach Schwäbisch Gmünd — 71 km
36	Von Schwäbisch Gmünd nach Bad Urach — 88 km
55	Von Bad Urach nach Sigmaringen — 92,5 km
74	Von Sigmaringen zum Bodensee — 47,5 km
86	Übernachtungsverzeichnis
94	Ortsindex

Schwäbische Alb-Radweg

Die Schwäbische Alb ist ein Mittelgebirge, im Bundesland Baden Württemberg gelegen. Im Norden wird die Schwäbische Alb vom sogenannten Albtrauf, einer bis zu 200 Meter hohen Geländestufe, begrenzt. Die Hochfläche der Alb fällt leicht zur Donau hin ab, deren Tal bildet die südliche Begrenzung der Schwäbischen Alb. Im Osten endet die Alb am Nördlinger Ries, im Westen reicht Sie nicht ganz bis zum Schwarzwald.

Geologisch gesehen besteht dieses Mittelgebirge aus Kalkstein, welcher der Landschaft auch die eindrucksvollen Formationen verleiht. Der Kalkstein entstand während des Jurazeitalters vor Jahrmillionen und setzte sich damals als Sediment am Meeresboden ab. In der Region unterscheidet man zwischen 3 verschiedenen Kalksteinarten: Schwarzer Jura, Brauner Jura und Weißer Jura. Den Schwarzen Jura – bitumen- und pyritreich – findet man am Fuße des Albtraufes. Der braune Jura charakterisiert sich durch seinen hohen Eisengehalt, von besonderer Bedeutung ist jedoch der Weiße Jura, auch Malm genannt. Der Malm ist ein fast reiner Kalk, der an der Oberfläche zu finden ist. Er ist härter als die darunter liegenden Schichten. Dadurch bilden sich zahlreiche Höhlen, die zum Teil auch besichtigt werden können. Zudem ist das Gestein fossilienreich, Museen entlang der Strecke zeigen anschaulich die geologischen Ereignisse der Region. Seit 2003 ist die Schwäbische Alb ein Nationaler GeoPark Deutschland.

Startpunkt der Tour ist das Nördlinger Ries, eine komplett andere Landschaft als die Alb. Die ebene Landschaft um Nördlingen entstand einst durch einen Meteoriteneinschlag. In Nördlingen finden Sie die einzige noch vollständig erhaltene Stadtmauer Deutschlands. Nächster Höhepunkt ist dann Aalen mit seiner römischen Vergangenheit und der Bergbautradition. Auf dem weiteren Weg liegen historische Städte wie Schwäbisch Gmünd, Thermalbäder in Bad Boll und Bad Urach, das Urweltmuseum in Holzmaden, fachwerkbunte Städte wie Trochtelfingen, prachtvolle Pferde in renommierten Gestüten und idyllische Flusslandschaften im Lauchertal. Burgen und Schlösser begleiten Ihren Weg, Schloss

Sigmaringen thront über der Donau, hier schließt das Donautal die Hochfläche der Schwäbischen Alb ab.

Die Klosteranlage in Inzigkofen, das idyllische Donautal und der mittelalterliche Stadtkern von Messkirch begleiten Sie durch eine liebliche Hügellandschaft hinunter zum Bodensee, an dessen Ufern Sie hervorragend entspannen können.

Zahlreiche Radfernwege kreuzen die Wege des Schwäbischen Alb-Radweges. In Nördlingen treffen Sie auf die Romantische Straße, zwischen Aalen und Schwäbisch Gmünd fahren Sie teilweise parallel zum Limes-Radweg, in Aalen treffen Sie zudem auf den beliebten Kocher-Jagst-Radweg, in Sigmaringen kreuzt der Klassiker Donau-Radweg Ihren Weg und am Bodensee verläuft selbstverständlich der Bodensee-Radwe.

Zu allen diesen Radfernwegen finden Sie genaue Beschreibungen in den jeweiligen *bikeline*-Radtourenbüchern.

Streckencharakteristik

Länge:

Die Länge des Schwäbischen Alb-Radweges von Nördlingen bis zum Bodensee beträgt 299 Kilometer. Ausflüge und Varianten sind dabei nicht berücksichtigt

Wegequalität, Verkehr & Steigungen

Der Schwäbische Alb-Radweg verläuft größtenteils auf asphaltierten Wegen und Landstraßen, teilweise aber auch über längere Abschnitte auf Forst- und Landwirtschaftswegen, die abschnittsweise eine recht raue Oberfläche aufweisen und bei Nässe recht rutschig werden können (Kalkgestein).

Ab und an treffen Sie auf mäßigen Autoverkehr, da die Route großteils auf, wenn auch meist ruhigen, Landstraßen verläuft.

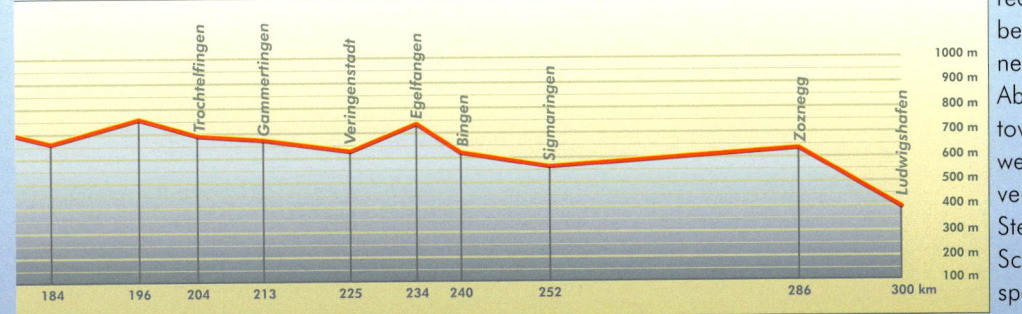

Steigungen bleiben Ihnen auf dem Schwäbische Alb-Radweg nicht erspart. Vor allem auf dem ersten Wegstück zwischen Nördlinger Ries und Bad Urach stellt die Route Anforderungen an Ihre Kondition. Zwischen Bad Urach und dem Bodensee wird es vergleichsweise ebener, starke Steigungs- und Gefällestrecken kommen nur noch manchmal vor, leichtes hügeliges Auf und Ab begleitet Sie jedoch bis zum Bodensee.

Beschilderung

Die Beschilderung des Schwäbische Alb-Radweges ist im Jahr 2003 erneuert worden. Es besteht demnach eine durchgehende, einheitliche Wegweisung des Schwäbische Alb-Radweges.

Tourenplanung

Infostellen

Schwäbische Alb Tourismusverband, Marktpl. 1, 72574 Bad Urach, ✆ 07125/948106, Fax: 07125/948108, E-Mail: info@schwaebischealb.de, www.schwaebischealb.de

Tourismus Marketing Baden-Württemberg GmbH, Esslinger Str. 8, 70182 Stuttgart, ✆ 0711/23858-0, Fax: 0711/23858-98, E-Mail: info@tourismus-bw.de, www.tourismus-bw.de

Internationale Bodensee-Tourismus Service GmbH, Insel Mainau, 78465 Konstanz, ✆ 07531/909490, Fax: 07531/909494, E-Mail: info@bodensee-tourismus.com, www.bodensee-tourismus.de

Fremdenverkehrsbüro der Ferienregion Laucherttal, Hohenzollernstr. 5, 72501 Gammertingen, ✆ 07574/406-0, Fax: 07574/406-56, E-Mail: ferien@laucherttal.de, www.laucherttal.de

Touristik-Gemeinschaft Stauferland e.V., Marktpl. 37/1, 73525 Schwäbisch Gmünd, ✆ 07171/603-4210 od. -4250, Fax: 07171/603-4299, info@stauferland.de, www.stauferland.de

Arbeitsgemeinschaft Donau-Ries, Pflegstr. 2, 86609 Donauwörth, ✆ 0906/74-211, Fax: 0906/74-212, ferienland@donau-ries.de, www.ferienland.donau-ries.de

Anreise & Abreise mit der Bahn

Infostellen:

Radfahrer Hotline, ✆ 01805/151415 (Mo-So 7-23 Uhr, 0,12 €/Min.)
Tickethotlinie, ✆ 01805/996633
www.adressen: http://www.bahn.de

Der Ausgangsort Nördlingen ist mit der Bahn leider nicht optimal zu erreichen. Um dorthin zu gelangen, müssen Sie auf jeden Fall, egal aus welcher Richtung Sie anreisen 1 bis 3 Mal umsteigen.

Für die Rückreise von Ludwigshafen am Bodensee nach Nördlingen bleibt Ihnen ein 3-4-maliges Umsteigen nicht erspart. Auch für die direkte Rückreise an Ihren Wohnort ist die Abreise von Ludwigshafen nicht ganz ohne Umsteigen zu bewältigen. Auch hier benötigen Sie für die meisten Destinationen mindestens ein zweimaliges Umsteigen.

Fahrradtransport

Mitnahme: Die direkte Fahrradmitnahme ist in Deutschland in Zügen, die im Fahrplan mit dem Radsymbol 🚲 gekennzeichnet sind, möglich, aber nur wenn Sie im Besitz einer Fahrradkarte sind und genügend Laderaum vorhanden ist. Eine Stellplatzreservierung ist deshalb empfehlenswert. In fast allen Zügen des Fernverkehrs benötigen Sie spätestens am Tage zuvor eine Stellplatzreservierung für Ihr Fahrrad. Die Mitnahme kostet € 8,–, Bahncardbesitzer zahlen € 6,– und in Zügen des Nahverkehrs kostet die Mitnahme € 3,–. Für Fahrradanhänger, Tandems, Liegeräder und Dreiräder sowie Fahrräder mit Hilfsmotor müssen Sie zusätzlich noch eine zweite Fahrradkarte erwerben.
Weitere Informationen z. B. zu Reiseverbindungen, Fahrplänen od. Fahrpreisen erhalten Sie am Kundentelefon (1,33 €/Min.) unter ✆ 0800/1507090.

Versand: Wenn Sie in Deutschland Ihr Fahrrad im Voraus als Reisegepäck zum Zielort schicken wollen, wird dieses über den Hermes Versand abgewickelt. Der Transport kostet € 23,50, für jedes weitere Fahrrad werden € 18,40 berechnet. Die Lieferzeit beträgt 2 Werktage, Zustell- und Abholzeiten sind Mo-Fr 9-17 Uhr. Das Kurier-Gepäck-Ticket kaufen Sie entweder direkt mit Ihrer Bahnkarte oder über den Hermes-Versand, ✆ 01805/4884.
Sie sollten dabei jedoch Folgendes beachten: das Fahrrad wird innerhalb Deutschlands nur direkt von Haus zu Haus zugestellt, d. h. keine Lagerung am Bahnhof möglich. Wenn Sie einen Bahnhof als Zustelladresse angeben, müssen Sie das Fahrrad direkt in Empfang nehmen. Es gibt jedoch auch Fahrradstationen die Ihnen einen Service als Zustell- oder Abholadresse bieten, Infos dazu bei der Radfahrer-Hotline: ✆ 01805/151415.

Weiterhin besteht für die Verschickung von Fahrrädern Verpackungspflicht. Verpackungen könnenSie bei der Bahn AG entweder leihen oder um € 5,– kaufen. Bestellung beim Kauf des Kuriergepäck-Tickets.

Rad & Bahn

In der Region gibt es einige Angebote, um auf die Bahn umzusteigen:

Rad-Wander-Shuttle und Rad-Wander-Bus der Hohenzollerischen Landesbahn verkehrt zwischen: Shuttle: Tübingen - Balingen - Sigmaringen - Gammertingen - Hechingen.

Bus: Reutlingen - Albhochfläche. Infos: Hohenzollerische Landesbahn, Gammertingen, ☏ 07574/2201, www.hzl.online.de Regio-Shuttle

Die Region Mittlere Schwäbische Alb ist mit dem Regio-Shuttle der Ernsttalbahn an das Netz der Deutschen Bahn angeschlossen. Infos erhalten Sie bei der Tourismusinformation Bad Urach.

Sonderzugfahrten:

Dampfzug-Fahrten, ☏ 07071/78744, Fax: 07071/76749, efz-nesa@t-online.de, www.eisenbahnfreunde-zollernbahn.de.

Bahnhöfe: Trochtelfingen – Kleinengstingen – Offenhausen – Gomadingen – Marbach – Münsingen.

Schwäbische-Alb-Bahn, ☏ 07317/150-0.

Bahnhöfe des Touristik-Nostalgie-Zuges:

Münsingen – Marbach – Gomadingen – Offenhausen – Kohlstetten – Kleinengstingen.

Rad & Bus

Auf der folgenden Buslinienverbindung können Sie Ihr Fahrrad mitnehmen: Reutlingen - Albhochfläche. Infos: Hohenzollerische Landesbahn, Gammertingen, ☏ 07574/2201, www.hzl.online.de

Übernachtung

Die Schwäbische Alb ist eine beliebte Ferienregion. Zu Ferienzeiten und an Wochenenden ist es daher empfehlenswert das Zimmer im Voraus zu reservieren.

Mit Kindern unterwegs

Der Schwäbische Alb-Radweg ist nur mit älteren und sportlichen Kindern gut zu befahren. Aufgrund der zahlreichen Steigungsstrecken im Abschnitt zwischen Nördlingen und Bad Urach und wegen der Wegstücke, die auf mäßig stark befahrenen Straßen verlaufen, sollten Sie dieses Teilstück nur mit Kindern ab 14 Jahren befahren. Zwischen Bad Urach und dem Bodensee ist die Streckenführung dann etwas leichter zu bewältigen.

Alles für die Tour

Für den Schwäbische Alb-Radweg benötigen Sie aufgrund der zahlreichen Steigungs- und Gefällestrecken ein Fahrrad mit einer gut berggängigen Übersetzung. Ein Trekkingrad mit guter, nicht zu schmaler Bereifung und guter Gangschaltung oder ein mountainbikeähnliches Rad mit Schutzblechen sind empfehlenswert

Versuchen sie schon vor der Abreise, eine

bequeme Sitzposition auf Ihrem Rad zu finden. Der Rahmen sollte Ihrer Körpergröße entsprechen. Vielleicht bekommen Sie wegen einer zu niedrigen Lenkstange nach einiger Zeit Druckstellen an den Händen oder einen steifen Rücken. Abhilfe schaffen hier ein höherer Lenker(vorbau) oder auch Fahrradhandschuhe. Besonderes Augenmerk sollten Sie dem Sattel schenken. wenn Ihr Gesäß nach einer längeren Fahrt zu schmerzen beginnt, dann haben Sie einen zu weichen oder einfach den falschen Sattel. Des Radfahrers wahrer Luxus sind ergonomisch geformte Ledersättel.

Auch einen Kartenhalter oder eine Lenkertasche werden Sie auf Ihrer Tour sehr gut brauchen können. Zweifach-Hinterradtaschen mit unkomplizierter Befestigung erweisen sich bei längerer Fahrt als zweckmäßig .

Da selbst das beste Rad nicht von Pannen verschont wird, empfiehlt es sich eine Grundausrüstung an Werkzeug und Zubehör mit auf die Reise zu nehmen.

Zu diesem Buch

Dieser Radreiseführer enthält alle Informationen, die Sie für den Radurlaub am Schwäbischen Alb-Radweg benötigen: Exakte Karten, eine detaillierte Streckenbeschreibung, ein ausführliches Übernachtungsverzeichnis, Stadt- und Ortspläne und die wichtigsten Informationen zu touristischen Attraktionen und Sehenswürdigkeiten.

Und das alles mit der *bikeline*-Garantie: jeder Meter in unseren Büchern ist von einem unserer Autoren vor Ort auf seine Fahrradtauglichkeit geprüft worden!

Die Karten

Eine Übersicht über die geographische Lage des in diesem Buch behandelten Gebietes gibt Ihnen die Übersichtskarte auf der vorderen inneren Umschlagseite. Hier sind auch die Blattschnitte der einzelnen Detailkarten eingetragen.

Diese Detailkarten sind im Maßstab 1 : 75.000 erstellt. Dies bedeutet, dass 1 cm auf der Karte einer Strecke von 750 Metern in der Natur entspricht. Zusätzlich zum genauen Routenverlauf informieren die Karten auch über die Beschaffenheit des Bodenbelages (befestigt oder unbefestigt), Steigungen (leicht oder stark), Entfernungen sowie über kulturelle und gastronomische Einrichtungen entlang der Strecke.

Allerdings können selbst die genauesten Karten den Blick auf die Wegbeschreibung nicht ersetzen. Komplizierte Stellen werden in der Karte mit diesem Symbol ⚠ gekennzeichnet, im Text finden Sie das gleiche Zeichen zur Kennzeichnung der betreffenden Stelle wieder. Beachten Sie, dass die empfohlene Hauptroute immer in Rot, Varianten und Ausflüge hingegen in Orange dargestellt sind. Die genaue Bedeutung der einzelnen Symbole wird in der Legende auf Seite 4 erläutert.

Höhen- und Streckenprofil

Das Höhen- und Streckenprofil gibt Ihnen einen grafischen Überblick über die Steigungsverhältnisse, die Länge und die wichtigsten Orte entlang der Radroute. Es können in diesem Überblick nur die markantesten Höhenunterschiede dargestellt werden, jede einzelne kleinere Steigung wird in dieser grafischen Darstellung jedoch nicht berücksichtigt. Die Steigungs- und Gefälleverhältnisse entlang der Route finden Sie im Detail mit Hilfe der Steigungspfeile in den genauen Karten.

Der Text

Der Textteil besteht im Wesentlichen aus der genauen Streckenbeschreibung, welche die empfohlene Hauptroute flussabwärts enthält. Stichwortartige Streckeninformationen werden, zum leichteren Auffinden, von dem Zeichen ~ begleitet.

Unterbrochen wird dieser Text gegebenenfalls durch orange hinterlegte Absätze, die Varianten und Ausflüge behandeln. Ferner sind alle wichtigen **Orte** zur besseren Orientierung aus dem Text hervorgehoben. Gibt es interessante Sehenswürdigkeiten in einem Ort, so finden Sie unter dem Ortsbalken die jeweiligen Adressen, Telefonnummern und Öffnungszeiten.

Die Beschreibung der einzelnen Orte, historisch, kulturell oder naturkundlich interessante Gegebenheiten entlang der Route tragen zu einem abgerundeten Reiseerlebnis bei. Diese Textblöcke sind kursiv gesetzt und unterscheiden sich dadurch auch optisch von der Streckenbeschreibung.

Zudem gibt es kurze Textabschnitte in den Farben violett oder orange, mit denen wir Sie auf bestimmte Gegebenheiten aufmerksam machen möchten:

Textabschnitte in violett heben Stellen hervor, an denen Sie Entscheidungen über Ihre weitere Fahrstrecke treffen müssen; z. B. wenn die Streckenführung von der Wegweisung abweicht, oder mehrere Varianten zur Auswahl stehen u. ä.

Textabschnitte in Orange stellen Ausflugstipps dar und weisen auf interessante Sehenswürdigkeiten oder Freizeitaktivitäten etwas abseits der Route hin.

Das Symbol ⚠ bezeichnet schwierige Stellen, an denen zum Beispiel ein Schild fehlt, oder eine Routenführung unklar ist. Sie finden das Zeichen an derselben Stelle in der Karte wieder, so dass sie wissen auf welches Wegstück sich das Symbol bezieht.

Übernachtungsverzeichnis

Auf den letzten Seiten dieses Radtourenbuches finden Sie zu fast allen Orten an der Strecke eine Auswahl von günstig gelegenen Hotels und Pensionen. Dieses Verzeichnis enthält auch Campingplätze und Jugendherbergen. Ab Seite 86 erfahren Sie Genaueres.

Zum Autor:

Der Autor Dr. Thomas Wöhrstein wurde 1963 in Schramberg im Schwarzwald geboren und ist dort auch aufgewachsen. Nach seiner Ausbildung zum Bankkaufmann folgte das Studium der Geographie an der Universität des Saarlandes in Saarbrücken. Er diplomierte dort 1993 zum Thema „Mountainbike und Umwelt" und traf mit diesem Thema auf großes mediales Interesse. In dem darauffolgenden Forschungsprojekt „Mountainbike und Umwelt" konnte der Autor das Thema noch weiter vertiefen, er schloss das Projekt im Jahr 1998 mit seiner Promotion ab. Während dieser Jahre besuchte Dr. Thomas Wöhrstein die weltweit bekanntesten und bedeutendsten Radregionen und Mountainbike-Reviere in Europa, USA, Kanada, Australien und Neuseeland. In den letzten 15 Jahren verbrachte der Autor insgesamt 2,5 Jahre im Fahrradsattel und sammelte Erfahrungen im Bereich Fahrradtourismus und Mountainbiking in der ganzen Welt. Als Fahrradspezialist engagiert er sich auch in verschiedenen Gremien des Allgemeinen Deutschen Fahrradclubs.
Seit 1999 ist Dr. Thomas Wöhrstein Geschäftsführer der Firma Outdoor Concepts. Diese Firma ist spezialisiert auf Tourismusplanung und –beratung vor allem zu den Themen Outdoorsport. In der professionellen Planung von touristischen Radwege- und Mountainbike-Routennetzen ist Dr. Thomas Wöhrstein mit Outdoor Concepts führend.

Von Nördlingen nach Schwäbisch Gmünd 71 km

Ein Blick vom Daniel, dem Wahrzeichen Nördlingens, bietet Ihnen eine herrliche Aussicht auf die historische Stadt mit der kreisrunden Stadtmauer. Rundherum erstreckt sich das Ries, ein Einschlagskrater eines Meteoriten. Hier startet die Tour des Schwäbische Alb-Radweges. Es geht vorbei am Ipf bei Bopfingen, einem Zeugenberg, der die ehemalige Ausdehnung der Alb anzeigt. Von hier aus geht es dann weiter nach Aalen, der Römer- und Bergbaustadt. Am Essinger Schloss und den Höhlen bei Heubach vorbei führt der Radweg in das schmucke Städtchen Schwäbisch Gmünd, dem Ziel der ersten Etappe.

Die Route verläuft meist auf ruhigen bis mäßig stark befahrenen Landstraßen. Zum Teil fahren Sie auch auf unbefestigten Waldwegen und Forststraßen. Kurze Wegstücke auch auf straßenbegleitenden Radwegen. Steigungs- und Gefällestrecken kommen durchaus immer wieder vor.

Nördlingen im Ries

Nördlingen
PLZ: 86720; Vorwahl: 09081

- **Touristik-Information**, Marktpl. 2, ✆ 438-0
- **Stadtmuseum** im ehem. Hl. Geist Spital, Vordere Gerberg. 1, ✆ 273823-0, ÖZ: März-Okt. Di-So 13.30-16.30 Uhr, Führungen n.V. Themen: Stadtgeschichte mit Schwerpunkt auf Handel, Messe, Zunft und Handwerk sowie Siedlungsgeschichte von der Altsteinzeit bis zum Mittelalter. Außerdem besitzt das Museum eine umfassende Sammlung von Gemälden der Malerfamilien Adam und Voltz.
- **Stadtmauermuseum** im Löpsinger Turm, ✆ 9180, ÖZ: April-Okt., tägl. 10-16.30 Uhr. In dem sechsstöckigen Stadtturm von 1379 wird die Geschichte der 2,632 Kilometer langen Stadtmauer anhand von bildlichen Darstellungen, Modellen und einem Diorama zur Schlacht bei Nördlingen (1631) dokumentiert.
- **Rieskrater-Museum**, Eugene-Shoemaker-Pl. 1, ✆ 273822-0, ÖZ: März-Okt., Di-So 10-16 Uhr, Nov.-April, Di-So 10-12 Uhr und 13.30-16.30 Uhr. Das Museum befasst sich umfassend mit der Darstellung des Prozessgeschehens des Meteoriteneinschlages, der vor ca. 15 Millionen Jahren einen Krater, der heutige Ries, mit einem Durchmesser von 24 Kilometern geschaffen hat.
- **Bayerisches Eisenbahnmuseum**, Am Hohen Weg 30, ✆ 9808, ÖZ: März-Okt., So 10-18 Uhr, Juli/Aug., zusätzlich Di-Sa 12-16 Uhr. Über 100 Originalfahrzeuge, darunter allein 25 Dampfloks, sind in den Hallen des ehemaligen Lokdepots der Königlich Bayerischen Staatsbahn zu sehen.
- **Thiemig-Galerie**, Baldinger Str. 21, ✆ 271819, ÖZ: Mai-Okt., So 13.30-16.30 Uhr. Zu sehen sind Reproduktionen großer Meister vom 13.-20. Jh.
- **augenblick!**, Pfarrg. 2, ✆ 28183, ÖZ: ganzjährig, Fr-So 14-17 Uhr und n.V. Das Museum für optische und akustische Gegenstände zeigt Attraktionen aus der Nördlinger Mediengeschichte: Guckkästen, Laterna magica, Panoramen, Moritaten und Stummfilme sowie automatische Klaviere, Drehorgeln, Spieldosen und Grammophone.
- Die **Kirche St. Georg** ist eine spätgotische Hallenkirche. Infos: ✆ 4035, Führungen.
- **St. Salvator**, ✆ 29370, Führungen.
- **Sommerfestspiele** an der Alten Bastei, ✆ 5400, Spielzeit: Ende Juni-Ende Juli.
- Die historische Altstadt wird von einer rundum begehbaren **Stadtmauer** mit 5 Toren, 16 Türmen und 2 Bastionen umgeben. Zu den interessanten Gebäuden gehören das Brot- und Tanzhaus und das Rathaus. Das Rathaus mit der Renaissance-Freitreppe ist mehr als 600 Jahre alt. Sehenswert ist auch das Gerberviertel.
- **Freibad Marienhöhe**, ✆ 5055, ÖZ: Mai-Mitte Aug., tägl. 9-20.30 Uhr, Mitte Aug.-Mitte Sept., tägl. 9-19.30 Uhr, Beach-Volleyball.
- **Städt. Hallenbad**, Gerhart-Hauptmann-Str. 2, ✆ 271810, ÖZ: außer in den Sommermonaten, Di-So.
- **Zweirad-Müller**, Gewerbestr. 16, ✆ 5675, auch
- **Radsport Böckle**, Reimlinger Str. 19, ✆ 801040, auch

Tipp: Nördlingen liegt am Radfernweg Romantische Straße. Genaue Streckeninformationen dazu finden Sie im *bikeline*-Radtourenbuch Romantische Straße.

Das einmalige Erlebnis, den Daniel, das Wahrzeichen **Nördlingens** zu besteigen, sollten Sie sich nicht entgehen lassen. Wenn Sie die 350 Stufen des 90 Meter hohen Turmes hinaufgeklettert sind, eröffnet sich ein hinreißender Blick auf die kreisrund angelegte Stadt mit der 2,7 Kilometer langen Stadtmauer mit 11 Stadtmauertürmen, die zwischen dem 14. und dem 17. Jahrhundert angelegt wurden, und 5 erhaltenen Stadttoren sowie eine weite Aussicht auf das vor zirka 15 Millionen Jahren entstandene Ries. Eine Besonderheit des Daniels ist, dass der einzige Türmer Europas ihn bewohnt, eine ungebrochene Tradition seit dem 14. Jahrhundert.

Sie befinden sich auf dem Turm einer der größten spätgotischen Hallenkirchen Süddeutschlands, die im 15. Jahrhundert neu errichtet wurde, als die alte St. Georgskirche den Nördlinger Bürgern zu klein geworden war. Der wuchtige und schlichte Kirchenbau ist aus dem Suevit-Gestein erbaut, das durch den Aufprall des Meteors entstanden war. In der eher überwiegenden Schmucklosigkeit ist der Hochaltar Blickfang und Mittelpunkt der dreischiffigen Halle. Dass ein solch enormer Bau im 15. Jahrhundert entstehen konnte, zeugt von einer schon länger andauernden Geschichte.

Erste Anzeichen einer Besiedelung reichen bis in römische Zeiten zurück, als hier eine Straßenstation stand. Die Römer nannten diese Region Raetia, aus dem die spätere Bezeichnung Ries entstand. Im 3. Jahrhundert ging die Siedlung dann an die Alemannen über, die sich in den folgenden

300 Jahren hier fest niederließen. Urkundlich erstmals erwähnt wurde der Königshof im Jahre 898 in der Schenkungsurkunde an den Bischof von Regensburg. 200 Jahre später wurde er von Friedrich II. wieder in den Reichsbesitz zurückgeholt. Im 13. Jahrhundert erlangte die Stadt Reichsfreiheit und entfaltete sich als Verkehrsknotenpunkt zu voller Blüte.

Besondere wirtschaftliche Bedeutung hatte die Pfingstmesse, die weit über die Grenzen des Landes bekannt war, denn sie galt als einer der wichtigsten Treffpunkte des oberdeutschen Fernhandels. In den Jahren 1376-89 war Nördlingen Mitglied des Schwäbischen Städtebunds, ein Zusammenschluss von 14 schwäbischen Städten zur Sicherung der Reichsunmittelbarkeit. Die Zünfte bekamen immer größeren Einfluss in der Stadt, im Besonderen die Leinen- und Tuchweber sowie die Gerber und Färber.

Die blühende Stadt schloss sich 1522 der Reformationsbewegung an, der Zeitpunkt des beginnenden Niedergangs der Stadt, der seinen Höhepunkt im Dreißigjährigen Krieg hatte,

Nördlingen im Ries

nach dem sich die einstige freie Reichsstadt, die diesen Titel pro forma bis 1803 noch innehatte, wirtschaftlich nicht wieder erholte. Trotz all den Kriegen und Zerstörungen hat sich Nördlingen ein historisches und einheitliches Stadtbild erhalten.

Das Nördlinger Ries

Das Nördlinger Ries war lange Zeit ein großes Rätsel für die Forscher. Bis in die sechziger Jahre des 20. Jahrhunderts wurden vulkanische Tätigkeiten für die Entstehung eines so großen kreisrunden Kessels angenommen, bis zwei amerikanische Forscher Mineralien fanden, die nur bei Temperaturen und einem so hohen Druck entstehen konnten, die das Erdinnere nicht zu Wege bringen kann. Seitdem ist klar, dass das Ries nur durch einen fast einen Kilometer großen Steinmeteoriten entstanden sein kann, der mit einer Geschwindigkeit von ungefähr 70.000 Stundenkilometern auf die Alb-Hochfläche eingeschlagen hat. Dies geschah vor knapp 15 Millionen Jahren. Ein bis zu 1.000 Meter tiefes und 12 Kilometer großes Loch wurde dabei in die Landschaft gegraben, durch Ausgleichsbewegungen entstand ein zirka 25 Kilometer großer flacher Krater.

Die Auswirkungen auf die Geologie waren immens. Berge wurden bis zu 40 Kilometer weit ins Vorland katapultiert, nur wenige Berge aus Riessee-Kalk blieben erhalten, Flusstäler verschwanden unter den Gesteinsmassen und bildeten für 2 Millionen Jahre einen abflusslosen See. Ein neues Gestein wurde damals geschaffen – der Suevit –, der ein Gemisch aus Schmelzfetzen und zermalmtem Granit und Gneis darstellt.

Von Nördlingen nach Bopfingen   12,5 km

Der Schwäbische Alb Radweg beginnt

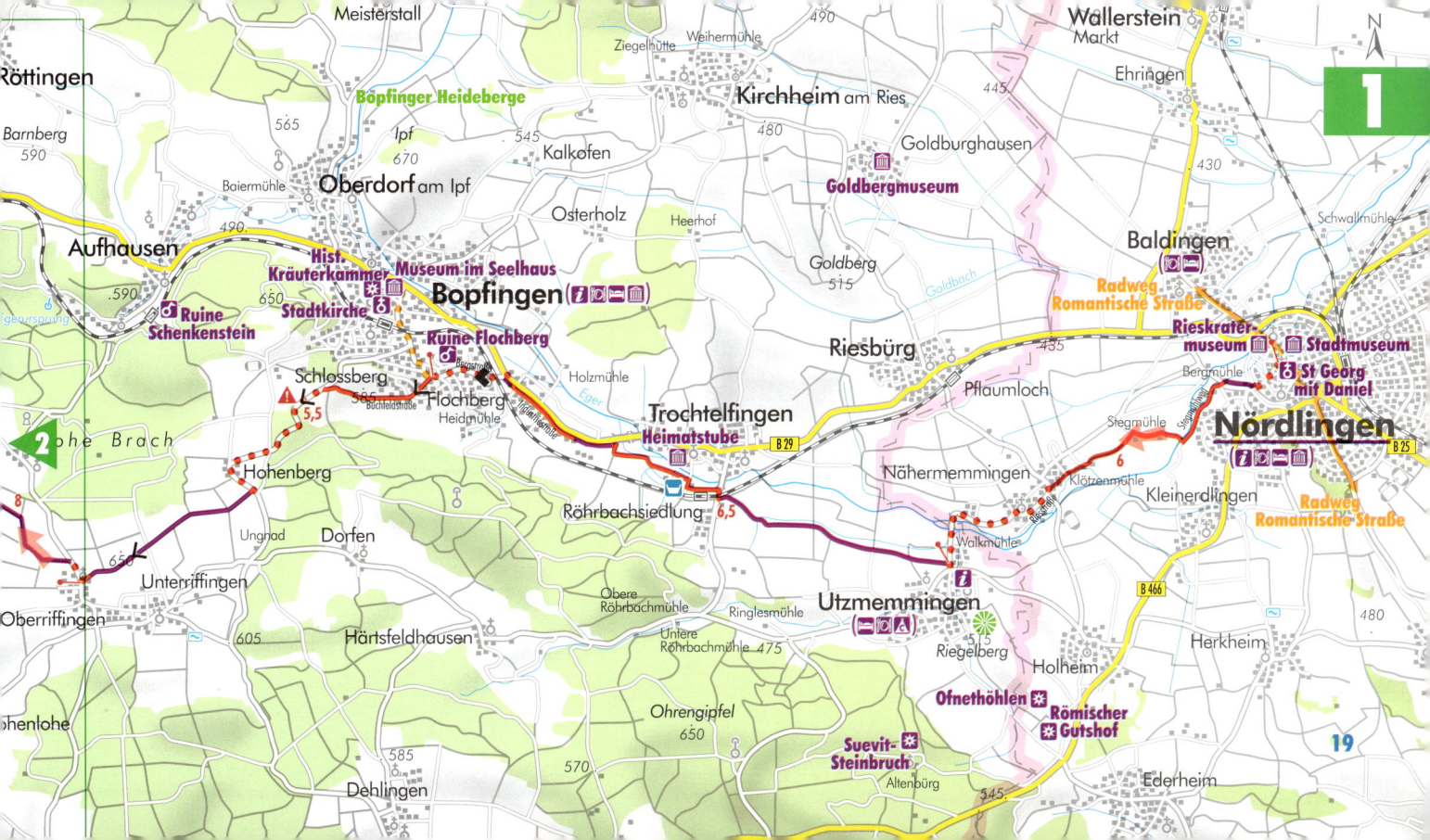

am kopfsteingepflasterten Stadtplatz vor der Stadtpfarrkirche St. Georg.

Tipp: Der markante und weithin sichtbare Kirchturm der Stadtpfarrkirche St. Georg – Daniel genannt – ist eine ideale Orientierung um zum Startplatz der Tour zu finden. Die Touristinfo von Nördlingen befindet sich in unmittelbarer Nähe.

Es geht los vom Stadtplatz in südwestlicher Richtung unter der Skulptur Friedrichs II vorbei in die **Polizeigasse** am Ende der kopfsteingepflasterten Polizeigasse vor dem eindrucksvollen, ockergelben „Hallgebäude", am sogenannten **Weinmarkt** nach rechts abbiegen weiter geradeaus in die **Berger Straße**.

Tipp: Eine Radwegbeschilderung zum Schwäbische Alb-Radweg existiert im Stadtbereich der Stadt Nördlingen nicht. Leider ist eine Ausschilderung des Radweges von der Stadt nicht gewünscht. Bis zur Stadtgrenze müssen Sie sich daher ausschließlich mit Text und Karte orientieren.

Die komplett von einer Stadtmauer umgebene Innenstadt geradeaus durch das 1401

Bopfingen – Stadtpark mit St. Blasius

erbaute **Berger Tor** verlassen die Berger Straße geht hier in die **Ulmer Straße** über und verfügt rechts über einen kombinierten Rad-/Fußweg nach zirka 100 Metern nach rechts in die Straße **Im Sixengarten** abbiegen, die nach weiteren 20 Metern in einem Linksbogen in den **Nähermemminger Weg** übergeht vorbei am Parkhaus bis zur **Berger Mühle**, einer ehemaligen Getreidemühle, die heute als Sägemühle genutzt wird.

Hier nach links in den **Stegmühlweg** Richtung Berger Wiese abbiegen und diesem geradeaus folgen entlang des kleinen Baches vorbei am Ortsausgangsschild von Nördlingen weiter geradeaus auf dem als Sackgasse beschilderten Weg bei der Brücke nach rechts den Bach überqueren und dem Verlauf der kleinen Straße folgen nach dem Anwesen **Lohmühle Nr. 1** nach links dem asphaltieren Weg mit der Fahrradbeschilderung Ries 1 folgen.

Bei der **Klötzenmühle** nach links abbiegen und dem schmaler werdenden asphaltierten Weg in den Ort Nähermemmingen bis zur Einmündung in die Ortsdurchgangestraße (Riesstraße) folgen.

Nähermemmingen

Tipp: Nördlich von Nähermemmingen liegt die Ortschaft Riesbürg, die schon wegen der Ofnethöhlen und einem römischen Gutshof einen Besuch Wert ist.

Riesbürg

PLZ: 73469; Vorwahl: 09081

🛈 **Bürgermeisteramt**, Hauptstr. 13, ✆ 2935-11

🏛 **Goldbergmuseum**, Ostalbstr. 33, Ortsteil Goldburghausen, ✆ 79129, ÖZ: April-Okt., So/Fei 14-17 Uhr.

✱ Die **Villa Rustica** ist ein ehemaliger römischer Gutshof.

Bopfingen – Altes Rathaus mit Neptunbrunnen

✱ **Ofnethöhlen**, Ortsteil Utzmemmingen, Infos zu Führungen erhalten Sie bei der Gemeindeverwaltung. Die Höhlen waren bereits zur Steinzeit Zufluchts- und Wohnort.

✱ **Aussichtspunkt Riegelberg**

Der Ortsdurchgangsstraße zunächst geradeaus, dann in einem Linksbogen der Vorfahrtsstraße zum Ort hinaus folgen → vorbei am **Reiterhof Walkmühle**, weiter über den Bach → rund 40 Meter vor der Straßenkreuzung nach rechts der Radwegebeschilderung Richtung Bopfingen in einen asphaltierten landwirtschaftlichen Weg folgen → auf diesem Weg zwischen Feldern durch geradeaus über mehrere kleinere Wegekreuzungen → an der Einmündung in die Kreisstraße nach rechts, den Bahnübergang überqueren, um unmittelbar danach nach links der Radwegebeschilderung Richtung Bopfingen folgend auf einen asphaltierten landwirtschaftlichen Weg.

Zunächst parallel der Gleise, dann nach rechts zum Schwimmbad hin abbiegen, weiterhin der Beschilderung Richtung Bopfingen folgen → nach dem Schwimmbad nach links weiter Richtung Bopfingen.

Trochtelfingen

✉ Freibad, ✆ 07362/4822

🏛 **Heimatstube**, Ostalbstraße/ehem. Rathaus, ✆ 8010, ÖZ: März-Okt., So 14-16 Uhr u. n. V., Führungen ab 10 Personen.

Am Sportplatz vorbei → entlang eines kleinen Wasserlaufs auf ein großes Sägewerk zu → kurz vor dem **Sägewerk** der Fahrradbeschilderung in einer Rechts-/Linkskombination bis zum Radweg entlang der Bundesstraße **B29** folgen.

Der Radweg mündet kurz vor dem Ortseingang von Bopfingen geradeaus in die **Industriestraße** → dieser weiter parallel zur Bundesstraße folgen.

Bopfingen

PLZ: 73441; Vorwahl: 07362

ℹ **Ries-Ostalb Touristikverein e. V.**, Marktpl. 1, ✆ 801-22

🏛 **Städt. Museum im Seelhaus**, Spitalstr. 1, ✆ 801-29, ÖZ: März-Okt., Di-Fr 14-16 Uhr, Sa, So/Fei 14- 17 Uhr, Nov.-Feb., Sa, So 14-17 Uhr. Themen: regionale Geologie, archäologische Zeugnisse, Stadtgeschichte.

🏛 **Historische Kräuterkammer**, Hauptstr. 8, ✆ 96340, ÖZ: Mo-Fr 8.30-12.30 Uhr und 14-18 Uhr. Die Kräuterkammer befindet sich in der Reichsstadt-Apotheke von 1720.

🏛 **Ehem. Synagoge**, Lange Straße, Ortsteil Oberdorf, ✆ 801-26,

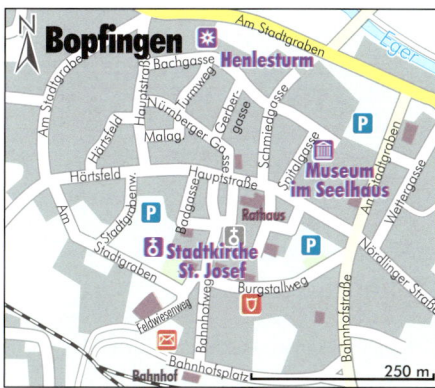

ÖZ: März–Okt., Sa, So/Fei, 14–16 Uhr u. n. V., Führungen ab 10 Personen. Die Gedenk- und Begegnungsstätte beschäftigt sich mit der Geschichte der einst größten jüdischen Gemeinde Ostwürttembergs. Das Museum ist auf der ehem. Frauenempore untergebracht und zeigt verschiedene Exponate unter anderem eine Thorarolle, Passah Teller und Leuchter.

- **Stadtkirche**, ☎ 7556, Führungen. Die gotische Kirche beherbergt den Herlinaltar (1472).
- **Wallfahrtskirche Flochberg**, ☎ 3318, Führungen
- **Fürstliches Schloss Baldern**, Ortsteil Baldern, ☎ 9688-0. ÖZ: April–Okt., Di–So 10–17 Uhr, Führungen stündlich. Das Schloss wurde zwischen 1718 und 1737 im Stil des Barock umgestaltet. Auf den Führungen sehen Sie den großen Festsaal, das Originalinventar der prachtvollen Salons und Gemächer sowie eine Waffensammlung, die Schlossküche und den Marstall.
- **Ruine Flochberg**, Infos erhalten Sie beim Förderverein, ☎ 3651. Hier sind die Reste der einstigen Stauferburg zu sehen.
- **Marktplatz** mit dem **Alten Rathaus**
- **Ringwall**
- **Archäologischer Lehrpfad** „Vom Ipf zum Goldberg"
- **Waldlehrpfad „Arboretum"**, ☎ 956970
- **Hallenbad**, ☎ 7488
- **Bopfinger Heideberge**, Infos beim Touristikverein oder beim Forstamt Bopfingen, ☎ 7250

Der Ipf von Süden

- **Autohaus Kummich**, Nördlinger Str. 24, ☎ 96460.

Bopfingen-Aufhausen

PLZ: 73441; Vorwahl: 07362

- **Ries-Ostalb Touristikverein e. V.** Bopfingen, Marktpl. 1, ☎ 801-22
- **Burgruine Schenkenstein**
- **Egerquelle**

Von der Egerquelle in Bopfingen-Aufhausen verläuft der Mühlenweg Eger über das Röhrbachtal bis zum 20 Kilometer entfernten Meteoritenkrater Ries in Nördlingen. 20 Mühlen, teilweise aktiv oder nur als Gebäude vorhanden, säumen das Ufer der Eger. Die Mühlen dienten und dienen teilweise noch heute unterschiedlichen Zwecken: als Mahl- und Ölmühle, zur Tierfutterproduktion und zur Stromerzeugung. Die Betreiber der Mühlen bieten Führungen an. Informationen erhalten Sie im Rieser Mühlenmuseum, ☎ 09087/778 in Maihingen sowie beim Ries-Ostalb Touristikverein in Bopfingen oder beim Touristikverband Ries in Nördlingen.

Bopfinger Heideberge

In der Umgebung von Bopfingen liegen zwischen der europäischen Wasserscheide bei Lauchheim und dem Nördlinger Ries die kahlen und unbewaldeten Bopfinger Heideberge. Der größte Berg der Heideberge ist der Ipf. Auf den felsigen Steilhängen und mageren Wiesen der Heideberge wachsen nur vereinzelt Wachholderbüsche. Drum herum befinden sich größere zusammenhängende Wachholderheiden, die zu den artenreichsten Biotopen in Mitteleuropa gehören. Hier gibt es zum Beispiel seltene Vögel wie den Neuntöter und seltene Falter wie den Bläuling. Außerdem zahlreiche Blütenpflanzen- und Orchideenarten.

An den Rändern der Heidberge bestimmen Hecken aus Weißdorn, Pfaffenhütchen, Ber-

beritze und Schlehe das Landschaftsbild. Ein besonderes Farbenspiel zaubert die Schlehenhecke das ganze Jahr über in die Landschaft. Von der weißen Blütenpracht im Frühjahr über zartem Grün der Blätter im Mai, das sich im Sommer dunkelgrün färbt wechselt die Farbe im Herbst in ein herbstliches Gelb. Bis in den Winter hinein leuchten die Büsche blau von den fast kirschgroßen Früchten.

Die Heiden sind im Mittelalter entstanden und Teil der heutigen Kulturlandschaft der Schwäbischen Ostalb. Seit 300 Jahren wird hier Hüte-Schäferei betrieben. Insgesamt werden circa 600 Hektar Land von drei Schäfern mit 2000 Schafen und 50 Ziegen beweidet. Ein Auskommen haben die Schäfer jedoch nicht, denn der Wollpreis deckt nicht einmal die Kosten der Schafschur und der Verkauf des Fleisches wirft ebenfalls wenig Gewinn ab.

Die **Industriestraße** mündet im Ort in die Bundesstraße B29 — hier nicht in die Bundesstraße einfahren, sondern auf deren linksseitigem Rad-/Fußweg bis zum knapp 200 Meter entfernten Abzweig nach Flochberg fahren

— hier links ab in die **Bergstraße** — unter der Bahnunterführung durch teils steil bergauf — nach dem Spar-Markt nach links in die **Buchfeldstraße** — weiter bergauf.

Von Bopfingen nach Aalen   30,5 km

Zunächst noch ansteigend, dann langsam flacher werdend — vorbei am Sportplatz den Ort verlassen, jetzt bergab bis zur Einmündung in die Landstraße L1070 — nach links der Landstraße bergauf bis nach Hohenberg folgen.

⚠ Tipp: Vorsicht die Landstraße ist abschnittsweise kurvig und unübersichtlich und zur Rushhour stark befahren.

Durch den kleinen Ort Hohenberg auf der Durchgangsstraße — rund 250 Meter nach dem Ortsschild unmittelbar hinter einer Baumgruppe nach rechts auf einen asphaltierten landwirtschaftlichen Weg abzweigen — an der nächsten Kreuzung halbrechts ungefähr in Richtung der Windkraftanlage halten — am Hang unterhalb der Windkraftanlage die Kreuzung mit dem Christuskreuz geradeaus überqueren — bergauf auf das kleine Wäldchen und die

Bopfingen – Ruine Flochberg

dahinter liegende Ortschaft Oberriffingen zuhalten.

Oberriffingen

Im Ort an der Einmündung in die Kreisstraße nach rechts — kurz nach dem Ortsausgangsschild die Kreisstraße nach links auf einen asphaltierten Wirtschaftsweg mit der Beschilderung Ries – Lauchheim verlassen.

An der Verzweigung neben einer Heckenreihe rechts halten entlang eines kleinen Baches und der Heckenreihe dem asphaltierten Weg zum Wald hin folgen — in den Wald hinein — jetzt auf Schotterbelag der ausgeschilderten Radroute Ries 1a folgen — der Weg verläuft

Die Kapfenburg

zwischen mehreren kleinen Tümpeln durch geradeaus halten bis zur T-Kreuzung — hier rechts abbiegen — dem, anhand der besseren Oberflächenbefestigung erkennbaren, Hauptweg in einem langgezogenen Linksbogen folgen — vorbei an einer kleinen Lichtung und weiter geradeaus aus dem Wald hinaus — an der T-Kreuzung links und gleich wieder in den Wald hinein — auf dem Hauptweg durch den Wald über mehrere Kreuzungen hinweg — über die asphaltierte Straße und weiter auf dem Forstwirtschaftsweg geradeaus über alle folgenden Kreuzungen — der Weg verlässt neben einem hölzernen Gebäude den Wald — die Wegeoberfläche wechselt hier zu Asphalt — zur L 1076, linker Hand liegt die Ortschaft Hülen.

Hülen
PLZ: 73466; Vorwahl: 07363

🏛 **Bürgermeisteramt** Lauchheim, ✆ 85-0

Tipp: An der Kreuzung mit der Landesstraße bietet sich ein Ausflug zum Schloss Kapfenburg und nach Lauchheim an. Rechts auf die Landesstraße und ein kurzes Stück bis zum Parkplatz.

Lauchheim
PLZ: 73466; Vorwahl: 07363

🏛 **Bürgermeisteramt**, ✆ 85-0

🏛 **Heimatmuseum** im Oberen Tor, Hauptstr. 1, ✆ 8511, ÖZ: n. V. Das Museum zeigt Gegenstände und Dokumente zur Stadtgeschichte.

🏛 **Deutschordensschloss Kapfenburg**, ✆ 9618-0, ÖZ: n. V. Für die Öffentlichkeit sind der Rittersaal, die Lorenzkapelle, die Stuckräume und die Musikschulakademie zugängig.

✳ **Historischer Stadtkern** mit **Marktbrunnen**

✳ **Reste der mittelalterlichen Stadtbefestigung** (18./19. Jh.)

Lauchheim mit seinen Stadtteilen Hülen und Röttingen liegt in der Ostalb am Rande des Ries-Beckens, jenes Meteoritenkraters, der vor 15. Millionen Jahren entstanden ist. 1431 wird Lauchheim zur Amtsstadt der Deutschordenskommende Kapfenburg erhoben. Das sehenswerte Deutschordensschloss überragt die Landschaft und die Stadt.

Nach rechts auf die Landstraße — kurz darauf wieder nach links in einen zunächst asphaltierten, bald aber geschotterten Wirtschaftsweg — der Beschilderung Richtung Aalen, Nehresheim folgen — es geht leicht bergab am Hang entlang mit teilweise schöner Aussicht ins Jagsttal — bei Erreichen des Waldrandes geradeaus dem **Tannwaldweg** weiter in den Wald hinein folgen.

Tipp: Hier trifft man auf die Beschilderung des Kocher-Jagst-Radweges.

An der Schranke vorbei geradeaus weiter auf dem **Tannwaldweg** — der Weg führt, jetzt auf Asphaltbelag, in einer Rechts-links-Kombination über die Autobahn A7 — weiter nach rechts sofort wieder in den Wald hinein — der Ausschilderung Kocher-Jagst folgen — an

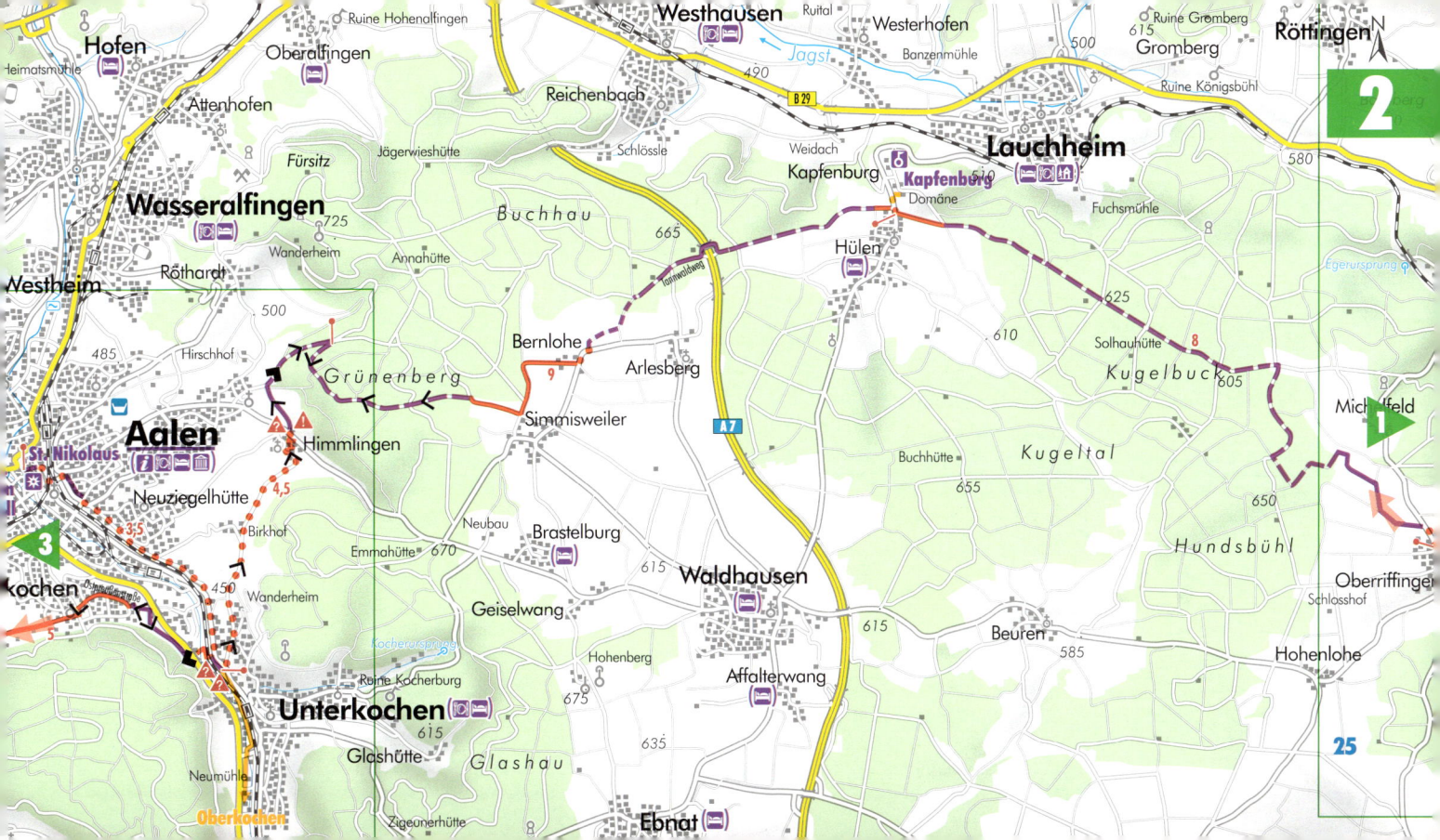

Marktplatz von Aalen

der folgenden Kreuzung weiter geradeaus auf dem Tannwaldweg.

Es geht leicht bergab ▶ in einer Rechtsbiegung des Hauptweges verlässt die Route diesen nach halblinks, weiter der Beschilderung Kocher-Jagst sowie Tour 8 folgen ▶ der hier nur schlecht befestigte Weg verlässt den Wald in einem Linksbogen ▶ am Waldrand geradeaus bis zur Kreisstraße ▶ hier nach rechts ▶ am Ortseingang von Bernlohe bei der Bushaltestelle und der kleinen Kapelle die Landstraße nach rechts verlassen und auf dieser, später als Sackgasse ausgeschilderten kleinen Straße den Ort geradeaus durchqueren.

Bernlohe

Am Ortsausgang weiter geradeaus dem asphaltierten Wirtschaftsweg folgen ▶

Tipp: Dieser ist auch mit Tour 8 des Ostalb-Limes Radwegs bezeichnet.

Am Waldrand links abbiegen ▶ am Ortsrand von Simmisweiler rechts abbiegen und weiter auf dem asphaltierten Weg bis zum Waldrand ▶ an der Kreuzung nach links dem jetzt geschotterten und als **Postweg** bezeichneten Forstwirtschaftsweg folgen ▶ an der Kreuzung mit dem **Bogenweg** weiter geradeaus, erst langsam, dann steiler ansteigend.

Beim erreichen der Höhe geradeaus dem Waldweg **Bärenhangweg** folgen ▶ in einer langgezogenen Kurve am Hang entlang bergab ▶ an der T-Kreuzung nach links weiter auf dem Weg Winkelsteig bergab ▶ durch die Schranke und steil abfallend ⚠ bis zum oberen Ende eines direkt am Waldrand gelegenen Wanderparkplatzes ▶ an dessen oberen Ende nach links auf einen Betonplattenweg weiter bergab zum Ort Himmlingen.

Himmlingen

Der Weg mündet steil auf die Landstraße L 1080 ein ⚠ hier links ▶ nach zirka hundert Metern in spitzem Winkel scharf nach rechts bergab die Landesstraße verlassen ▶ an der ersten Kreuzung nach rechts in den **Steigwiesenweg** ▶ an der nächsten Kreuzung nach links in die **Bayersteinstraße** ▶ auf dieser in einem Rechtsbogen um einen kleinen Tümpel herum den kleinen Ort Richtung Unterkochen auf einer kleinen Straße verlassen ▶ vorbei am **Birkhof** und ab hier leicht abfallend bis nach Unterkochen.

Unterkochen

Tipp: Von Unterkochen aus ist ein Ausflug nach Oberkochen empfehlenswert. Sie erreichen Oberkochen auf dem Landesradweg entlang der Bahnlinie.

Oberkochen

PLZ: 73447; Vorwahl: 07364

🛈 **Touristikgemeinschaft Sagenhafter Albuch e.V.** – Essingen,

Rathausg. 9, ✆ 83-0

🏛 **Optisches Museum** — Ausstellungszentrum Carl Zeiss, Carl-Zeiss-Straße, ✆ 202878, ÖZ: ganzjährig, Mo-Fr 10-13 Uhr u. 14-16 Uhr, So 9-12 Uhr, Gruppenführungen n. V.

🏛 **Heimatmuseum** im Schillerhaus, Aalener Str. 19, ✆ 7377, ÖZ: jeden 1. So im Monat.

✳ **Römerkeller**, ✆ 27-0

🏊 **Freizeitbad aquafit**, Hölderlinweg, ✆ 921021, ÖZ: Di-So, Sauna-Park

⚠ Von Unterkochen auf dem **Himmlinger Weg** bergab bis zur Einmündung in die mäßig befahrene **Aalener Straße**.

Tipp: Von hier aus können Sie einen Abstecher ins Zentrum von Aalen unternehmen. Auf der Aalener Straße radeln Sie im mäßig starken Verkehr in 3,5 Kilometern in die Stadtmitte.

Aalen
PLZ: 73430; Vorwahl: 07361

ℹ **Tourismus-Service**, Marktpl. 2, ✆ 52-2358

🏛 **Limesmuseum**, St. Johann-Str. 5, ✆ 961819, ÖZ: ganzjährig, Di-So 10-12 Uhr und 13-17 Uhr. Themenschwerpunkt sind der obergermanische-raetische Limes im 2./3. Jh., das Leben der Menschen zu dieser Zeit und die römische Militärherrschaft. Die

Römischer Baukran im Limesmuseum

Dokumentation wird durch eine Reihe von Exponaten ergänzt.

🏛 **Urweltmuseum**, Reichsstädter Str. 1, ✆ 6556, ÖZ: ganzjährig, Di-So/Fei 10-12 Uhr und 14-17 Uhr. Städt. Fossilienmuseum. Das Museum ist in dem historischen Rathaus (14. Jh.) mit Spionturm untergebracht.

🏛 **Stiftung Schloss Fachsenfeld**, Ortsteil Fachsenfeld, ✆ 07366/2793, ÖZ: 19. März-1.Nov., Sa, So/Fei 10-12 Uhr und 14-17 Uhr, Schlossführungen: 10, 11, 14, 15 und 16 Uhr, Parkführungen: 11, 14 und 15 Uhr, Gruppen n. V. In der Galerie werden über 120 Gemälde zweier bedeutender süddeutscher Impressionisten gezeigt: Hermann Pleuer (1863-1911), der als Eisenbahnmaler in die Kunstgeschichte einging, und Otto Reiniger (1863-1909), der die Lichtstimmungen der heimatlichen Landschaft zum Thema seiner Bilder machte. Weiterhin sind Werke von Christian Landenberger und Friedrich von Keller zu sehen. Der Schlosspark (8 Hektar) wurde zwischen 1829 und 1859 angelegt und mit seinem alten Baumbestand, den exotischen Gehölzen und den Blumenwiesen ein Refugium seltener Tier- und Pflanzenarten.

⛪ **Pfarrkirche St. Nikolaus** (erwähnt 1340). Die evangelische Stadtkirche wurde nach dem Einsturz des Turmes zwischen 1765 und 1767 nach einem Entwurf des württ. Landbaumeisters Johan Adam Groß als barocke Quersaalanlage neu erbaut.

✳ **Historische Altstadt** zwischen dem Marktplatz mit dem Bürgerhaus aus dem 17. Jh. und dem Spritzenhausplatz.

✳ **Reichsstädter Brunnen.** Die Bronzefiguren auf dem Brunnen stellen Szenen aus der Aalener Stadtgeschichte dar. Der Brunnen wurde 1977 zur Erinnerung an die freie Reichsstadtzeit (1360-1803) errichtet.

✳ **Bretzgeblase-Brunnen.** Der Brunnen erinnert an einen Aalener, der Brezeln aus einem Wäschekorb verkaufte und die Aalener durch sein Wesen erheiterte.

🎭 **Theater der Stadt Aalen**, ✆ 522596, verschiedene Bühnen,

Freilicht-Sommerprogramm.

✺ **Historische Altstadt.** Die älteste Häuserfassade ist in der Radgasse nahe dem Marktplatz zu bewundern. Die alten Fachwerkhäuser wurden in den 80er Jahren wieder hergestellt.

✺ **Tiefer Stollen**, Ortsteil Wasseralfingen, ✆ 970249, ÖZ: April-Okt., Di-So 9-12 Uhr und 13-16 Uhr, Therapie-Saison: Mitte März-Mitte Nov. Der Stollen ist in erster Linie ein Heilstollen zur Asthmatherapie. Der Besucherstollen des einstigen Erzbergwerkes befindet sich in 400 m Tiefe.

Hirschbachfreibad, ✆ 64275, ÖZ: Mai-Sept.

Spieselfreibad, Ortsteil Wasseralfingen, ✆ 75244, ÖZ: Mai-Sept.

Freibad im Ortsteil Unterrombach, ✆ 41400, ÖZ: Mai-Sept.

Limes-Thermen Aalen, Osterbucher Pl. 3, ✆ 9493-0, ÖZ: Mo-Fr 8.30-21 Uhr, Sa, So/Fei 9-21 Uhr, verschiedene Schwimmhallen, Außenbecken, Sauna, Farblichtanwendungen.

Fahrrad Mayle, Stuttgarter Str. 16, ✆ 62232, auch 🛠

Rad&Tat, Am Bahnhofsplatz, ✆ 62238, auch 🛠

Aalen

Die ehemalige freie Reichsstadt **Aalen** liegt am nördlichen Ausläufer der Schwäbischen Alb. Die Stadt kann auf eine reiche Geschichte zurückblicken. Auf Grund seiner strategisch günstigen Lage machte der römische Kaiser Antonius Pius Aalen zum Standort des seinerzeit größten Reiterkastells nördlich der Alpen.

Die Stadtgründung geht wahrscheinlich auf den Stauferkaiser Friedrich II. um 1240 zurück, 1360 erhob sie Kaiser Karl IV. zur freien Reichsstadt. Dieses Privileg blieb bis 1803 erhalten. Der Anschluss an das Königreich Württemberg im Zuge der Säkularisation und die Eröffnung der Eisenbahnlinie 1861 legten den Grundstein für die Industrialisierung der Region und zum Aufstieg Aalens als bedeutendem Wirtschaftsstandort. Die Stadt wuchs zu einem Zentrum der süddeutschen Erzgewinnung und -verhüttung. Heute haben moderne Techniken die Metallverarbeitung früherer Jahre abgelöst.

Tipp: Aalen liegt am Limes-Radweg und am Kocher-Jagst-Radweg. Genauere Streckeninformationen dazu entnehmen Sie bitte den **bikeline**-Radtourenbüchern Limes-Radweg 2 und Kocher-Jagst-Radweg.

Von Aalen nach Schwäbisch Gmünd   **28 km**

Tipp: Von Aalen aus können Sie entweder dieselbe Strecke zurück zum beschilderten Radweg fahren, oder durch die Stadt entlang der Gartenstraße direkter zum Radweg. Streckenführung vgl. Stadtplan Aalen.

Von Aalen zurück nach Unterkochen, ⚠ hier dann rechts abbiegen der Fahrradbeschilderung nach Essingen und zu den Limes-Thermen über den Bahnübergang folgen ▬ kurz auf der kleinen Straße entlang der Gleise bleiben, dann nach links abbiegen, der Fahrradbeschilderung Limes-Thermen über eine kleine Brücke folgen ▬ durch die Unterführung, dann ein kurzes Stück sehr steil bergan und am Waldrand nach

rechts weiter Richtung Limes-Thermen.

Am Hang entlang, der Weg verliert nach einer Rechtsbiegung wieder an Höhe an der nächsten Verzweigung nach links abbiegen, bergan der lokalen Fahrradbeschilderung Richtung Essingen, Limes-Thermen folgen der asphaltierte Weg erreicht die Ostpreußenstraße am Rande eines Wohngebietes.

Nach dem Vereinsheim nach links abzweigen, weiter, jetzt bergauf der **Ostpreußenstraße** folgen an der T-Kreuzung nach rechts in den **Gottfried-Spießhammer-Ring**, weiter Fahrradbeschilderung Limes-Thermen und Essingen am Ende der Tempo 30 Zone links von der Vorfahrtsstraße abzweigen, bergauf weiter der Fahrradbeschilderung folgen nach ca. 200 Metern rechts in die **Mährenstraße** wenn diese in einem Rechtsbogen bergab führt, geradeaus bleiben, über einen abgesenkten Randstein auf einen asphaltierten Weg Richtung Kolpinghütte dem asphaltierten Weg geradeaus bis zum Skilift folgen im Rechtsbogen unterhalb daran vorbei bei einem Parkplatz für die **Limes-Thermen** an die

Heubach

Siemensstraße hier rechts bergab Richtung Essingen an der Kreuzung neben der Unterführung nach links leicht bergan in die mäßig befahrene **Robert-Bosch-Straße** der Straße durch ein Industriegebiet geradeaus folgen vor der Firma Würth nach links abzweigen (Fahrradbeschilderung Essingen) und gleich darauf nach rechts in die Straße **Lauchhof** dem Deutschen Limes Radweg folgen geradeaus Richtung Essingen in der kleinen Ansiedlung Mantelhof geradeaus der **Otto-Schott-Straße** folgen.

Mantelhof

An der Kreuzung mit der von rechts einmündenden Vorfahrtsstraße geradeaus Richtung Dauerwang.

Dauerwang

In Dauerwang weiter geradeaus jetzt in der **Mantelhofstraße** auf einer kleinen, wenig befahrenen Straße nach Essingen vorbei am Fußballplatz schlängelt sich die **Siegelstraße** in den Ort über die Kreuzung mit der Straße **Erlenhalde** geradeaus weg ⚠ weiter in der jetzt als Sackgasse beschilderten Siegelstraße an der T-Kreuzung links bis zum Heerweg hier rechts an der Durchgangsstraße gegenüber eines Lebensmittelmarktes nach links und durch den Ort hindurch.

Essingen
PLZ: 73457; Vorwahl: 07365

🛈 **Touristikgemeinschaft Sagenhafter Albuch e. V.**, Rathausg. 9, ✆ 83-0

🛈 **Bürgermeisteramt**, Rathausg. 9, ✆ 83-83

🏛 **Ev. Pfarrkirche** (15. Jh.), ✆ 222. Die Kirche ist das Wahrzeichen der Gemeinde. Die frühere Wehrkirchenanlage stammt aus dem 14./15. Jh., Teile sind davon heute noch sichtbar. In der Kirche befinden sich Grabsteine der Freiherrn von Woellwarth.

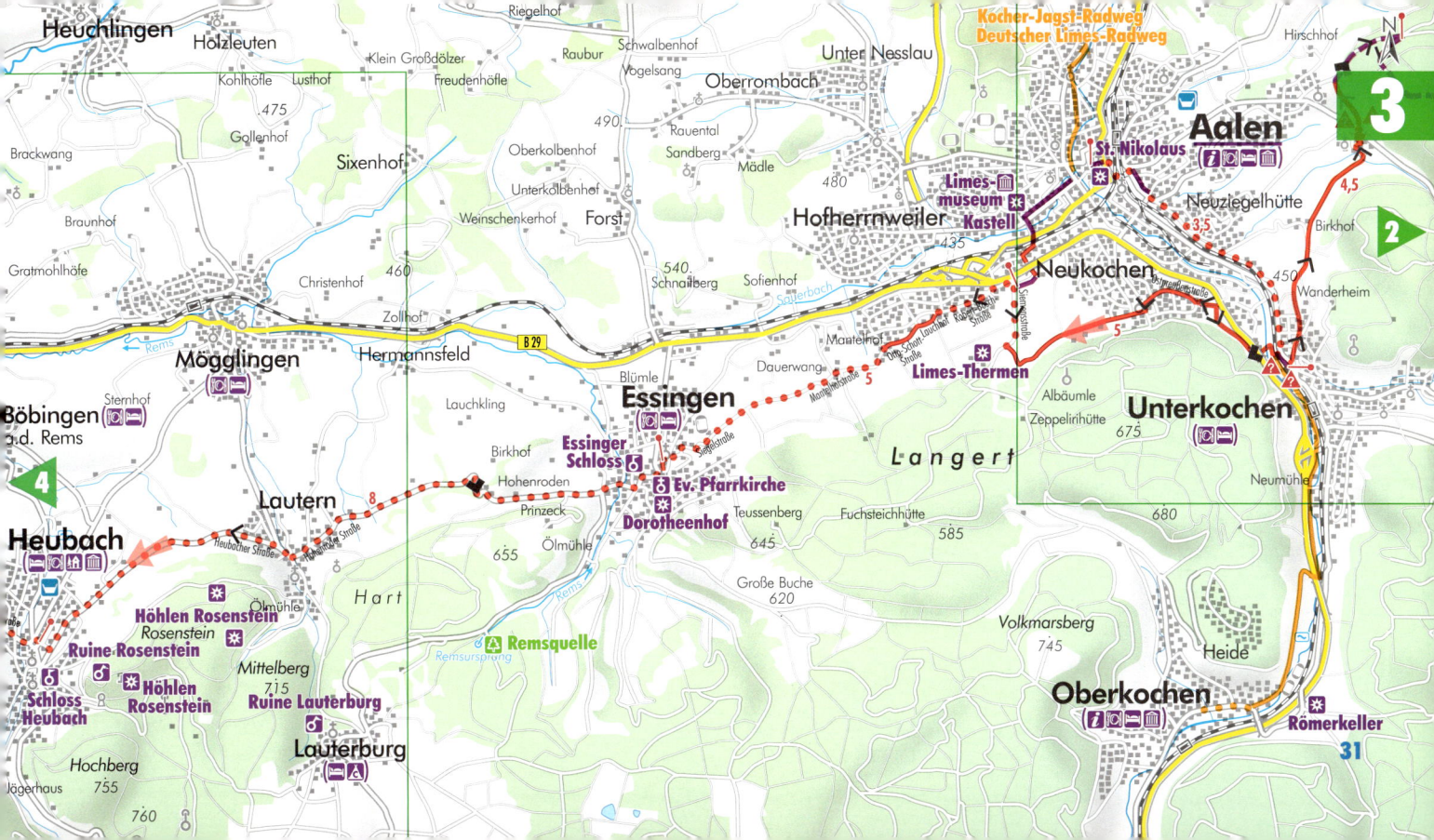

- Marienkapelle
- Essinger Schloss
- Der **Dorotheenhof** gehörte einst der Degenfeld'schen Herrschaft.
- Ruine Lauterburg
- Sehenswerter **Ortskern**, der in zwei Sanierungsabschnitten hergerichtet wurde.
- **Ehem. Wachthaus.** Das Gebäude ist Teil der Wehrkirchenanlage aus dem 16. Jh.
- **Freizeitpark „Hollandgärtner",** Erholungsanlage mit Tiergehege

- Remsquelle
- Schlosspark
- Naturschutzgebiet „Weiherwiesen". Das NSG ist mit den Moorseen, eine geologische Seltenheit auf der Schwäbischen Alb, einzigartig.

Tipp: Essingen liegt am Limes-Radweg. Genauere Streckeninformationen finden Sie im *bikeline*-Radtourenbuch Limes-Radweg 2.

Gleich nach dem Ortsende rechts bergan Richtung Hohenroden von der Landstraße 1165 auf eine kleinere Straße abzweigen.

Tipp: Hier ist ein Abstecher zur Remsquelle möglich, dann weiter auf der L 1165, ca. 2,8 Kilometer. Der Weg zur Remsquelle ist beschildert.

Vor dem Schloss Hohenroden fällt die Straße mit 18 % steil ab – der Kreisstraße mit schlechtem Belag bis in den kleinen Ort Lautern folgen.

Heubach – Rathaus

Lautern
PLZ: 73540; Vorwahl: 07173
- **Touristikgemeinschaft Sagenhafter Albuch e. V.**, Essingen, Rathausg. 9, ✆ 83-0
- **Stadt Heubach,** Hauptstr. 35, ✆ 181-54
- Barockkirche

Die Straße wird hier zur **Hohenroder Straße** – an der T-Kreuzung rechts abzweigen Richtung Heubach – der Vorfahrtsstraße **Heubacher Straße** geradeaus folgen Richtung Heubach.

Heubach
PLZ: 73540; Vorwahl: 07173
- **Touristikgemeinschaft Sagenhafter Albuch e. V.,** Essingen, Rathausg. 9, ✆ 83-0
- **Stadt Heubach,** Hauptstr. 35, ✆ 181-54
- **Heimat- und Miedermuseum,** Hauptstr. 53, ✆ 181-0, ÖZ: ganzjährig, Mo-Fr 8.30-11.45 Uhr und 14-16 Uhr, Sa, So/Fei n. V. Das Museum wurde in Zusammenarbeit mit den Firmen Triumph und Susa-Werke gegründet. Es informiert über die Ge-

schichte des Mieders von der Wespentaille bis zur zweiten Haut und dokumentiert gleichzeitig die Geschichte der Miederherstellung in Heubach. Zu sehen sind Schnürmieder, Reformleibchen, Sportgürtel, Hüftformer und vieles mehr.

- **Kirche St. Ulrich** mit Blockturm. Die zweischiffige romanische Kirche wurde um 1300 erbaut. Ein Umbau erfolgte zwischen 1441 bis 1472.
- **Kapelle**, Ortsteil Beuren
- **Ruine Rosenstein**, Ortsteil Himmelreich, Grillplatz, Gartenwirtschaft. Auf dem bekanntesten und markantesten Berg der Schwäbischen Ostalb befinden sich die Reste der Burg Rosenstein.
- **Schloss Heubach**, Infos und Führungen über den Schlossverein, ✆ 2135. Das Schloss, im Mittelalter einst Sitz des Woellwart'schen Ortsadels, befindet sich seit 1985 mit allen Gebäuden im Besitz der Stadt. Seitdem wird das Adelshaus, das in Fachwerkbauweise errichtet wurde, aufwendig saniert und restauriert. Im Erd- und 1. Obergeschoss befinden sich die Räume der Stadtbibliothek. In den kommenden Jahren werden weitere Räume im 1. Obergeschoss und das komplette 2. Obergeschoss mit teilweise über 400 Jahre alten Wandmalereien und Täfelungen restauriert werden.
- **Rathaus** (1581)
- **Höhlen Rosenstein**, Auskünfte erhalten Sie über die Höhlenkundliche Arbeitsgemeinschaft Rosenstein/Heubach e. V., ✆ 8203, Höhlenführungen, Diavorträge. Es gibt zahlreiche Kleinst- und Kleinhöhlen. Fünf sind leicht vom Wanderweg aus erreichbar: Höhle Haus, Kleine Scheuer, Große Scheuer, Finsteres Loch und Dreieinganghöhle.
- **Freibad**, Mögglinger Str., ✆ 07173/ 5220, ÖZ: Mai, Juni, Sept., tägl. 9-19 Uhr, Juli, Aug., tägl. 8-20 Uhr.
- **Hallenbad**, Hauptstr. 38

Heubach liegt am Fuß des Rosensteins. Ein Stadtrundgang führt durch die Geschichte der Stadt. Das Schloss in Heubach wurde 1524 von Georg VII von Woellwarth errichtet. Der einstige Sitz der Herren von Woellwarth war die unwirtliche Burg auf dem Rosenstein. In der Stadt dann anstelle des alten Pfarrhofes ein einfaches und geräumiges, zweigeschossiges Adelshaus in Fachwerkbauweise. In den Räumen des 1. und 2. Obergeschosses sind wertvolle Wandmalereien und Tapisserien

Heubach – Mondstupfler

erhalten, die in den kommenden Jahren sorgfältig restauriert werden. Im Erdgeschoss und im 1. Obergeschoss befindet sich die Stadtbibliothek, bei deren Ausstattung bewusst historisches Fachwerk und modernes Interieur kombiniert wurden. Ein anderes Bauwerk ist ebenfalls mit einem wichtigen Ereignis in der Geschichte der Stadt verbunden – das alte Rathaus. Herzog Ludwig von Württemberg kauft 1579, anderthalb Jahrhunderte nach der Belehnung der Herren von Woellwarth mit der Burg Rosenstein und Heubach, den Ort zurück. Ganze 1.800 Gulden war ihm der künftige württembergische Amtssitz und Vogtsitz wert. Die Stadtväter würdigten 1581 den neuen Rang der Stadt mit dem Neubau eines Fachwerk-Rathauses, in dem sich heute das Miedermuseum befindet.

Heubach schaut auf eine lange Webertra-

dition zurück, die im 19. Jahrhundert von den mechanischen Webstühlen und der Erfindung der Dampfmaschine ihr Ende fand. 1862 löste sich die Weberzunft in Heubach auf. Parallel entstand Mitte des 19. Jahrhunderts mit der Gründung der SUSA-Werke ein neuer Zweig der Textilherstellung: die Herstellung von Miederwaren. Ein viertel Jahrhundert später wurde eine zweite Firma eröffnet, die ab 1902 den Namen Triumph trug und heute zu den größten Miederherstellern Europas zählt. Das Miedermuseum im Rathaus zeichnet diesen Teil der Stadtgeschichte nach.

In Heubach dem Verlauf der Vorfahrtsstraße in die **Poststraße** folgen bis zum Kreisverkehr — geradeaus Richtung Schwäbisch Gmünd auf der **Gmünder Straße** — ab der Tankstelle ist der Bürgersteig für Radfahrer frei — vor dem Ortsende wechselt der Radweg auf die linke Straßenseite — den Ort geradeaus auf dem Radweg Richtung Buch verlassen — durch Buch hindurch.

Buch

Am Ortsausgang nach rechts Richtung

Heubach – Schloss und Blockturm

Beiswang auf eine kleine Straße abzweigen — leicht ansteigend — beim Erreichen der Höhe an der Verzweigung links Richtung Schwäbisch Gmünd, Zimmern — die Straße fällt steil in Serpentinen zum kleinen Ort Zimmern ab.

Zimmern

Den Ort geradeaus durchqueren — vor der Unterführung der Bundesstraße nach links in eine kleine asphaltierte Straße — zwischen Waldrand und Bundesstraße bis zum weithin sichtbaren runden Gasbehälter am Ortsrand von Schwäbisch Gmünd.

Am Gasbehälter vorbei geradeaus durch die Unterführung auf der Straße **Unterm Buch**

an der T-Kreuzung beim Motel rechts und gleich darauf nach links in die **Werrenwiesenstraße** — dieser geradeaus durch ein Industrie- später ein Wohngebiet folgen — die Straße geht vor einem großen Wohnblock in einen Rad- und Fußweg über, Fahrradbeschilderung Richtung Stadtmitte — am Ende des Rad- und Fußweges links halten — auf der **Leutzestraße** geradeaus an der Straßenabsperrung, den Blumentrögen, vorbei — gleich darauf am Haus des Handwerks nach rechts in die **Moltkestraße** und weitere rund 50 Meter weiter links in die **Wilhelmstraße** abbiegen — der als Sackgasse gekennzeichneten Straße bis zur Einmündung in eine mehrspurige Hauptverkehrsstraße, der Oberbettringer Straße, folgen — die Straße überqueren — geradeaus in die **Gemeindehausstraße** gegen die Einbahnstraße (für den Radverkehr in Gegenrichtung freigegeben) — geradeaus bis zum Wendeplatz und weiter geradeaus dem Rad- und Fußweg bald bergab folgen — an der folgenden Kreuzung die Hauptverkehrsstraße, die Untere Zeiselbergstraße, überqueren — geradeaus in die Para-

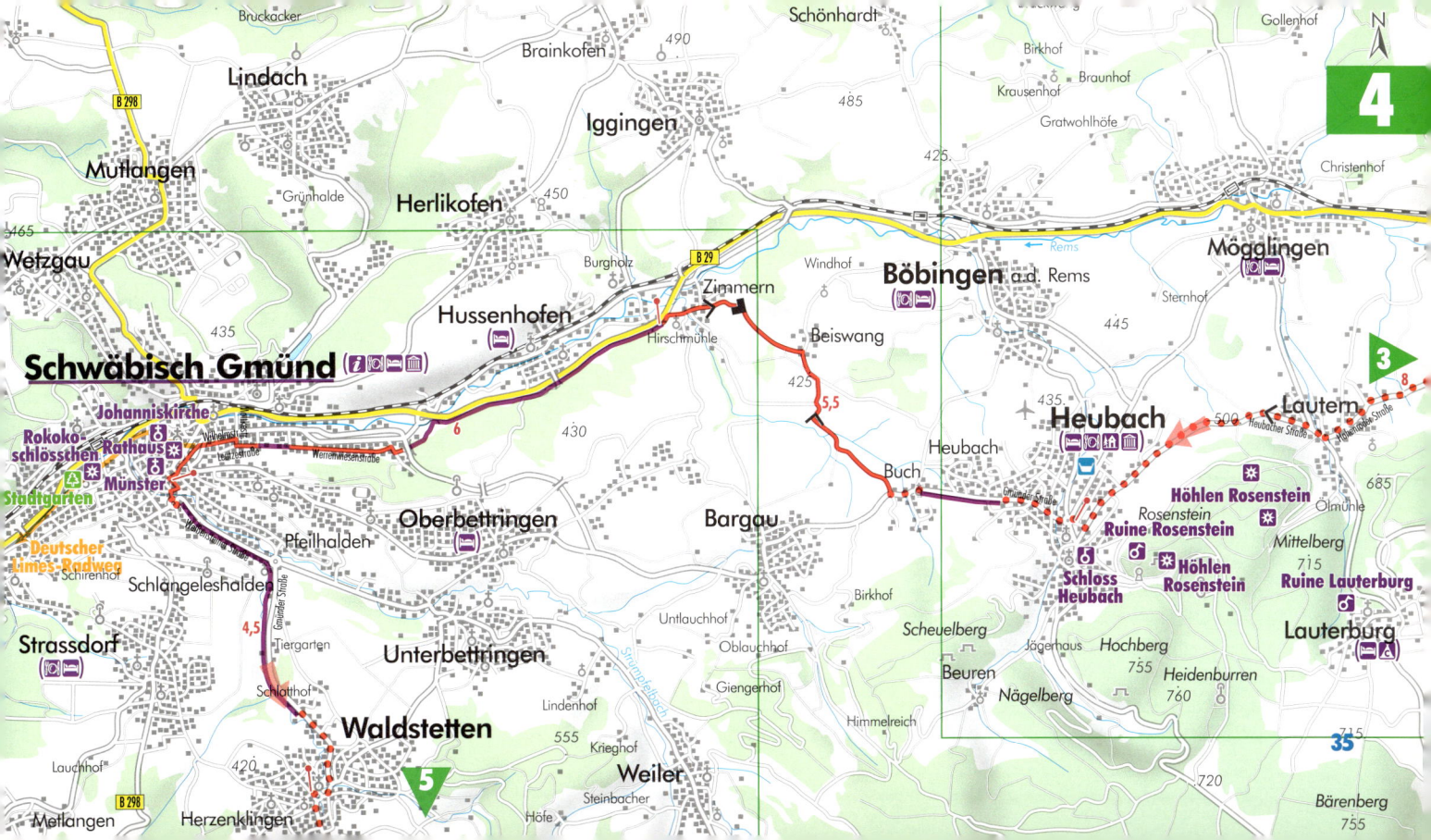

Marktplatz Schwäbisch Gmünd

diesgasse an der folgenden Vorfahrtsstraße nach links in die **Sebaldstraße** abbiegen, das Zentrum liegt zur Rechten.

Schwäbisch Gmünd

PLZ: 73525; Vorwahl: 07171

- **I-Punkt Schwäbisch Gmünd**, Marktpl. 37/1, ✆ 603-4210 od. 4250
- **Museum im Prediger**, ÖZ: Di, Fr 14-17 Uhr, Do 14-19 Uhr, Sa, So 11-17 Uhr. Museum für Kunst- und Kulturgeschichte, Gewerbemuseum. Zu sehen ist die Sammlung Julius Erhard, der Kirchenschatz aus dem Heilig-Kreuz-Münster und Schmuck und Malerei der Neuzeit.
- **Silberwaren- und Bijouteriemuseum** Ott-Pausersche Fabrik, ✆ 38910, ÖZ: Mi, Sa 14-17 Uhr, So 11-17 Uhr, Führungen: So 15 Uhr u. n. V.
- **Heilig-Kreuz-Münster**. Das Münster ist die älteste süddeutsche gotische Hallenkirche. Es wurde zwischen 1315 und 1521 erbaut. Sehenswert sind das Hl. Grab (um 1350) und der Sebaldus-Altar in der Taufkapelle (1510).
- **Johanniskirche** (1220-1250). Die spätromanische Pfeilerbasilika ist Johannes dem Täufer geweiht.
- **Historische Altstadt** rund um den Marktplatz und das Münster. Die Architektur der Gebäude reicht von alemannischen Fachwerk, Renaissance und Barock bis zu modernen Bauten.
- **Arenhaus**. Im Arenhaus ist das Berufskolleg für Formgebung, Schmuck und Gerät untergebracht. Das Kolleg knüpft an die Jahrhunderte alte Tradition des Gold- und Schmiedehandwerks der Stadt Schwäbisch Gmünd an.
- **Marienbrunnen**. Der Brunnen wird von einem Doppelbild der Madonna mit Strahlenkranz gekrönt. Auf der einen Seite betet Maria als Unbefleckte, auf der anderen zeigt sie das Jesuskind.
- **Stadtmauer**. Der äußere Befestigungsring aus der Zeit vor 1350 war mit 24 Türmen und Halbtürmen ausgestattet. Im 19. Jh. wurden Teile der Befestigung abgerissen, sechs Türme blieben erhalten.
- **Stadtgarten**. Im Stadtgarten befindet sich das **Rokokoschlösschen**, das Bürgermeister Georg Franz Stahl für seine Gemahlin als Lustschloss erbauen ließ. Zudem gibt es eine Sonnenuhr mit

Rokokoschlösschen in Schwäbisch Gmünd

mechanischen Räderwerk aus dem Jahr 1770 und den Geigerbrunnen zu sehen.

Erstmals wurde Schwäbisch Gmünd 782 urkundlich erwähnt. Vom Stauferkönig Konrad III. erhielt Schwäbisch Gmünd die Stadtrechte und war die erste der vielen staufischen Städtegründungen. Die älteste Stauferstadt erhielt Ihren Namen aufgrund ihrer landschaftlichen Lage: Sie liegt an der weitesten Stelle des Remstales, wo mehrere Bäche in die Rems münden. Im 13. und 14. Jahrhundert gründeten Augustiner, Dominikaner und Franziskaner hier ihre Klöster.

Den Marktplatz zieren zahlreiche prachtvolle Bauten. Von der einstmals knapp 5 Kilometer langen Stadtmauer sind heute noch sechs Türme sowie einige Mauerreste erhalten. Eine besondere Rolle spielte das Handwerk der Huf- und Wagenschmiede sowie der Goldschmiede in Gmünd. Das Gold- und Silberschmiedehandwerk hat auch die Industrialisierung im 19. Jahrhundert in Gmünd eingeleitet. Schwäbisch Gmünd gilt noch heute als Stadt der Künste, des Kunsthandwerks und des Designs.

Tipp: Schwäbisch Gmünd liegt am Limes-Radweg. Hierzu ist das *bikeline*-Radtourenbuch Limes-Radweg 2 erschienen.

Herrgottstritte und Teufelsklinge

Es wird erzählt, dass der Teufel vom Rosenstein bei Heubach Christus die Herrlichkeiten der Erde gezeigt haben soll, um ihn zu versuchen. Christus soll ihn dafür in eine finstere Schlucht, die Teufelsklinge, gestoßen haben. Danach ging er mit zwei Schritten vom Rosenstein auf den Scheuelberg und weiter ins Himmelreich (Hochebene bei Heubach). Der rechte Fußabdruck war früher auf dem Rosenstein zu sehen, der linke auf dem Scheuelberg. Das Wasser, das sich im letzteren sammelte, wurde zur Heilung von Augenkrankheiten verwendet.

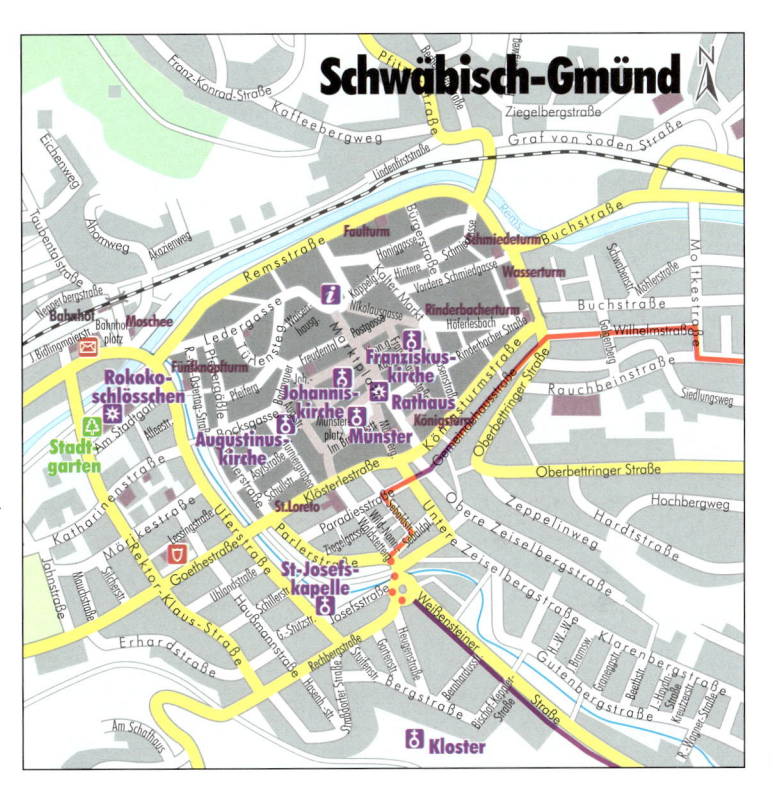

Von Schwäbisch Gmünd nach Bad Urach

88 km

Vom lebendigen Schwäbisch Gmünd aus heißt es dann erstmal kräftig in die Pedale treten. Schlösser und sehenswerte Kirchen liegen auf dem Weg in das Thermalbad Bad Boll. Hier können Sie so richtig relaxen. In Holzmaden sollten Sie sich einen Besuch im Urweltmuseum mit seinen Fossilienfunden aus der Jurazeit nicht entgehen lassen. Danach tauchen Sie ein in das Land der Staufer, dem einflussreichsten Herrschergeschlecht des Mittelalters. An den Vulkankegeln rund um Weilheim und Neidlingen vorbei erreichen Sie dann Bad Urach, das mit seinen vielfältigen Sehenswürdigkeiten und dem Thermalbad ein Zentrum der Schwäbischen Alb ist.

Die Route führt Sie auf ruhigen Landstraßen und Landwirtschaftswegen mitten durch die Schwäbische Alb. Teilweise verläuft die Route auch auf Feld- und Waldwegen und auf straßenbegleitenden Radwegen. In diesem Abschnitt kommen immer wieder, auch heftige Steigungen vor.

Von Schwäbisch Gmünd nach Donzdorf   18,5 km

Am **Sebaldplatz** rechts ~ an der **Parlerstraße** nach links Richtung Waldstetten ~ geradeaus über die Brücke bis zum Kreisverkehr ~ dort Richtung Bettringen in die **Weißensteiner Straße** ~ ab der Kreisverkehrsausfahrt verläuft ein schmaler straßenbegleitender Radweg auf dem Bürgersteig.

Am Kreisverkehr nach rechts Richtung Waldstetten dem Radweg entlang des Waldstetter Bachs folgen ~ der Radweg endet kurz nach dem Ortseingang von Waldstetten und mündet auf die Ortdurchgangsstraße, die **Gmünder Straße**, später **Hauptstraße** ~ dieser bis zum Kreisverkehr folgen ~ hier nach links Richtung Weilerstoffel ausfahren.

Waldstetten
PLZ: 73550; Vorwahl: 07171
- **Bürgermeisteramt**, Hauptstr. 1, ✆ 403-41
- **Waldsauna**, Robert-Bosch-Str. 9, ✆ 499029, ÖZ: ganzjährig, Di-Fr, 14-22.30 Uhr, Sa, So/Fei 10-22.30 Uhr, Frauentage, Wellnessstation.

Naturschutzgebiet Kaltes Feld, Infos erhalten Sie über die Bezirksstelle für Naturschutz und Landschaftspflege, Ruppmannstr. 21, 70565 Stuttgart. Das Kalte Feld ist Refugium seltener Pflanzenarten wie der Silberdistel, der Küchenschelle und des Gefransten Enzians. Seltene Schmetterlings- und Vogelarten sind hier zu Hause. Das Kalte Feld, der Horn- und Galgenberg sind traditionelle Naherholungsgebiete.

Waldstetten liegt im östlichen Teil der Schwäbischen Alb im Stauferland. Hier befand sich die Heimat der Staufer, einem der bedeutendsten Herrschergeschlechter Europas. Wanderungen zu den Dreikaiserbergen Staufen, Hohenrechberg und Hohenstaufen führen in eine vielfältige Landschaft und zu sagenumwobenen Burgen- und Burgruinen, zu einsamen Kapellen und Wallfahrtskirchen.

Tipp: Ausflug zur Burgruine Hohenrechberg.

Rechberg
PLZ: 73525; Vorwahl: 07171
- **I-Punkt Schwäbisch Gmünd**, Marktpl. 37/1, ✆ 603-4210 od. 4250
- **Wallfahrtskirche St. Marien** (17. Jh.).
- **Ruine Hohenrechberg** (14. Jh.), ✆ 07171/43819, ÖZ: ganzjährig, Di-So ab 11 Uhr, Burgschenke.
- **Freizeitpark Märchengarten**, Sauernhofweg 1, ✆ 49205, ÖZ: Mi-Sa ab 14 Uhr, So/Fei ab 10 Uhr, in den Sommerferien tägl.

In Waldstetten geht es nach dem Kreisverkehr weiter auf der Hauptstraße jetzt leicht ansteigend aus dem Ort hinaus.

Weilerstoffel

Durch Weilerstoffel hindurch, der Beschilderung nach Wisgoldingen folgend ~ die kleine, an Wochenenden für den Kfz-Verkehr gesperrte Straße steigt nach dem Ortsende sehr steil an und windet sich in Serpentinen nach oben ~ im kleinen Weiler **Tannweiler** nach links zu einem Parkplatz hin abbiegen

Stadtgarten Schwäbisch Gmünd

… weiter auf einem asphaltierten, nun für den Kfz-Verkehr gesperrten Weg steil bergan … gleich nach dem Erreichen der Höhe nach links steil bergab auf einen asphaltierten Wirtschaftsweg … vorbei am **Christentalhof** am Hang entlang durch das Landschaftsschutzgebiet Christental … bergab bis zu einem kleinen Stausee … weiter geradeaus, leicht bergab bis die Straße am Rande eines Wohngebietes den Ort Lauterstein erreicht … der **Ringstraße** und später der **Christentalstraße** weiter bergab folgen bis zur Kirche.

Lauterstein
PLZ: 73111; Vorwahl: 07332

🛈 **Fremdenverkehrsgemeinschaft Hornberg-Albuch-Lautertal e.V.**, Bürgermeisteramt Böhmenkirch, ✆ 9600-0

⛪ **Kirche St. Mariä Himmelfahrt**, Ot. Weißenstein. Der Innenraum ist im Stil des Barock gehalten.

🏰 **Schloss Weißenstein** (15. Jh.), Ot. Weißenstein

⛪ **Friedhofskapelle**, ÖZ: tägl. 9-17 Uhr, Ot Nenningen. Sehenswert ist die barocke Pieta von Ignaz Günther von 1774.

🏊 **Freibad Weißenstein**

Die Landschaft rund um Lauterstein wird von den Obstwiesen am Albtrauf und den Wacholderheiden geprägt. Jährlich im Frühjahr und Herbst rasten zahlreiche Zugvögel auf ihren Flügen in den Norden und Süden.

Bei der Kirche links halten bis zur Vorfahrtsstraße … hier rechts … der Ortdurchgangsstraße für ein kurzes Stück bis zu einer kleinen Kapelle folgen … hier nach links in die Straße **Unterer Bahnhof** … gleich darauf beim Beginn des Astro-Lehrpfades nach rechts dem asphaltierten Wirtschaftsweg folgen zunächst noch entlang eines Wohngebietes, später entlang der Lauter, weiter auf dem Astro-Lehrpfad.

Grünbach

An der T-Kreuzung im kleinen Ort Grünbach links abbiegen und an der Kreuzung neben dem Weilerschild Grünbach nach rechts jetzt bergauf in einen als Rad-/Fußweg beschilderten Wirtschaftsweg abzweigen … weiter auf dem Astro-Lehrpfad am Hang entlang oberhalb der Talsohle … an einer Viererkreuzung kurz vor dem Ort Donzdorf geradeaus der Fahrradbeschilderung Richtung Donzdorf 0,5 km und Süssen 7,0 km folgen … am Ortsrand von Donzdorf geradeaus weiter der Fahrradbeschilderung Richtung Süssen auf dem Rad-/Fußweg folgen, dabei mehrere Straßen und eine Brücke überqueren, weiter dem Astro-Lehrpfad folgen.

Donzdorf
PLZ: 73072; Vorwahl: 07162

🛈 **Fremdenverkehrsgemeinschaft Hornberg-Albuch-Lautertal e.V.**, Bürgermeisteramt Böhmenkirch, ✆ 07332/9600-0

🏰 **Schloss Donzdorf** ist heute Rathaus und Begegnungsstätte.

🏰 **Ruine Scharfenschloss**, Scharfenberg. Das Schloss stammt aus dem 12. Jh. und war der Herrschaftssitz der Grafen von Rechberg. Diese zogen 1568 in das neu erbaute Schloss in

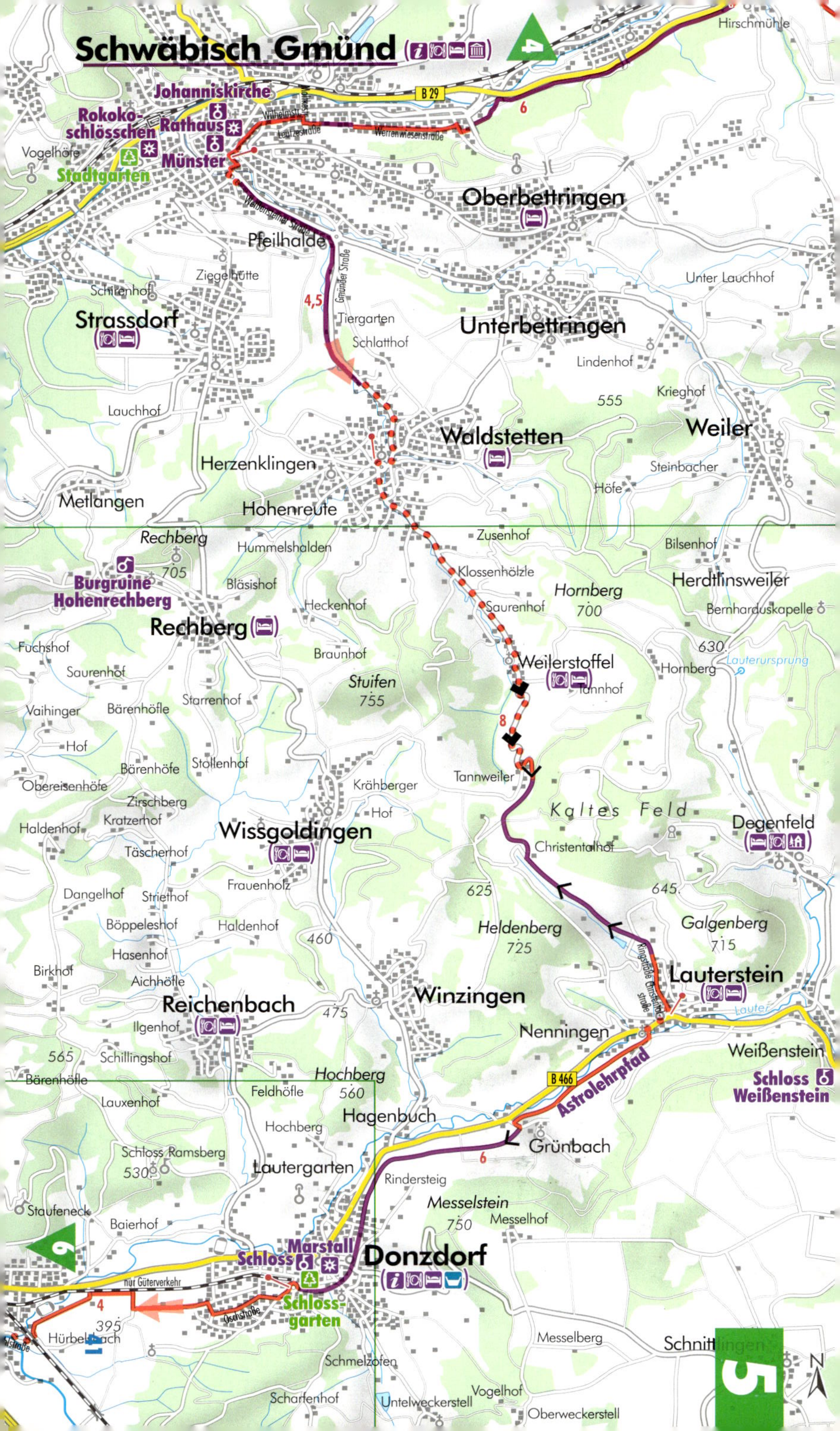

Schwäbisch Gmünd
4
Hirschmühle
Johanniskirche
B 29
Rokoko-schlösschen
Rathaus
Münster
Vogelhöfe
Stadtgarten
Wilhelmstr.
Lautzestraße
Weinwiesenstraße
6
Oberbettringen
Pfeilhalde
Gmünder Straße
Ziegelhütte
Schirenhof
Unter Lauchhof
Strassdorf
4,5
Tiergarten
Schlatthof
Unterbettringen
Lindenhof
Krieghof
555
Lauchhof
Waldstetten
Weiler
Herzenklingen
Steinbacher
Höfe
Metlangen
Hohenreute
Rechberg
705
Burgruine Hohenrechberg
Hummelshalden
Zusenhof
Bilsenhof
Klossenhölzle
Bläsishof
Hornberg
700
Herdtlinsweiler
Heckenhof
Saurenhof
Bernharduskapelle
Rechberg
Fuchshof
Saurenhof
Braunhof
630
Weilerstoffel
Hornberg
Lauterursprung
Tannhof
Stuifen
755
Vaihinger Hof
Bärenhöfle
Starrenhof
8
Bärenhöfe
Stollenhof
Tannweiler
Obereisenhöfe
Krähberger Hof
Kaltes Feld
Zirschberg
Kratzerhof
Haldenhof
Wissgoldingen
Degenfeld
Christentalhof
Täscherhof
Dangelhof
Striethof
Frauenholz
625
645
Böppeleshof
Haldenhof
Heldenberg
725
Galgenberg
715
Hasenhof
460
Birkhof
Aichhöfle
Ringstraße
Christentalstraße
Lauterstein
Reichenbach
Ilgenhof
475
Winzingen
Lauter
Nenningen
565
Schillingshof
Weißenstein
Bärenhöfle
Hochberg
560
B 466
Astrolehrpfad
Schloss Weißenstein
Feldhöfle
Lauxenhof
Hagenbuch
Hochberg
Grünbach
Schloss Ramsberg
530
Lautergarten
Rindersteig
Messelstein
750
Messelhof
Staufeneck
Baierhof
Marstall
Schloss
Donzdorf
nur Güterverkehr
Schlossgarten
Öschstraße
395
Hürbelsbach
41
Messelberg
Schnittlingen
5
Schmelzofen
Scharfenhof
Untelweckerstell
Vogelhof
Oberweckerstell

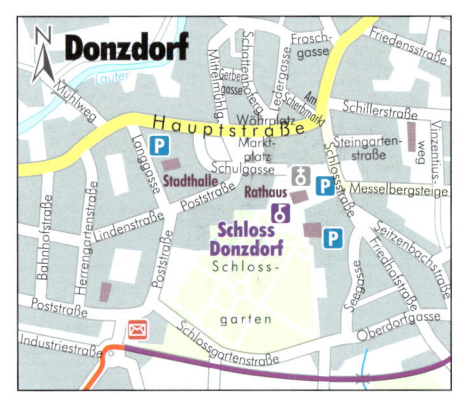

Donzdorf um.

* **Messelberg-Sternwarte**, Messelbergsteige, ✆ 24713, ÖZ: Okt.-März, Fr 20 Uhr, April, Sept., Fr 20.30 Uhr, Mai, Aug., Fr 21 Uhr, Führungen jeweils 15 Minuten vor den Öffnungszeiten. Der Astronomische Lehrpfad beginnt im Schlosspark und führt bis zum Lautersteiner Ortsteil Weißenstein. Der 7 Kilometer lange Lehrpfad verläuft entlang einer ehemaligen Bahntrasse und informiert über die Welt der Sterne. So gibt es beispielsweise Tafeln zu Planeten und Sternen, zu Astronomie und Raumfahrt sowie zu Kometen und Meteoriten.

Freibad, Reichenbacher Str. 7, ✆ 922-703, ÖZ: Mai-Sept., tägl. 9-20 Uhr, Mi 7.30-20 Uhr.

Kleinschwimmhalle, ✆ 24228

Von Donzdorf nach Bad Boll   19,5 km

Der Radweg endet bei einem Kreisverkehr ― nach links in die **Wagnerstraße** und wenig später nach rechts in die **Öschstraße** abbiegen und dieser bis zum Ende folgen ― die Öschstraße geht neben einem großen Elektromarkt in einen asphaltierten landwirtschaftlichen Weg über ― geradeaus weiter ― an der folgenden T-Kreuzung nach rechts abbiegen ― an der nächsten Kreuzung vor der alten Bahntrasse nach links ― weiter auf asphaltierter Oberfläche entlang der Schrebergärten ― an der nächsten T-Kreuzung neben den Gleisen nach links abbiegen, der Lautertal-Radwegebeschilderung folgen ― es geht vorbei an den Tennisplätzen und einem Sportplatz ― an der nächsten Verzweigung rechts unter der Unterführung durch und auf der **Bühlstraße** in den Ort Süssen hinein.

Donzdorf – Schloss mit Schlossgarten

Süßen
PLZ: 73079; Vorwahl: 07162

* **Bürgermeisteramt**, Heidenheimer Str. 30, ✆ 96160
* **Heimatmuseum**, Bachstr. 44, ✆ 93302-14, ÖZ und Führungen n. V.
* **Schloss Ramsberg** (1600). Das Schloss gehörte zum Schutzring um die Stammburg der Staufer auf dem Hohenstaufen. Heute ist es in Privatbesitz.
* Auf dem **Marktplatz** vor dem Rathaus befindet sich ein historisches Mühlrad und der Marktbrunnen. Sehenswert ist auch der Bauerngarten in der Bachstraße 44, in dem sich ein Osterbrunnen befindet.

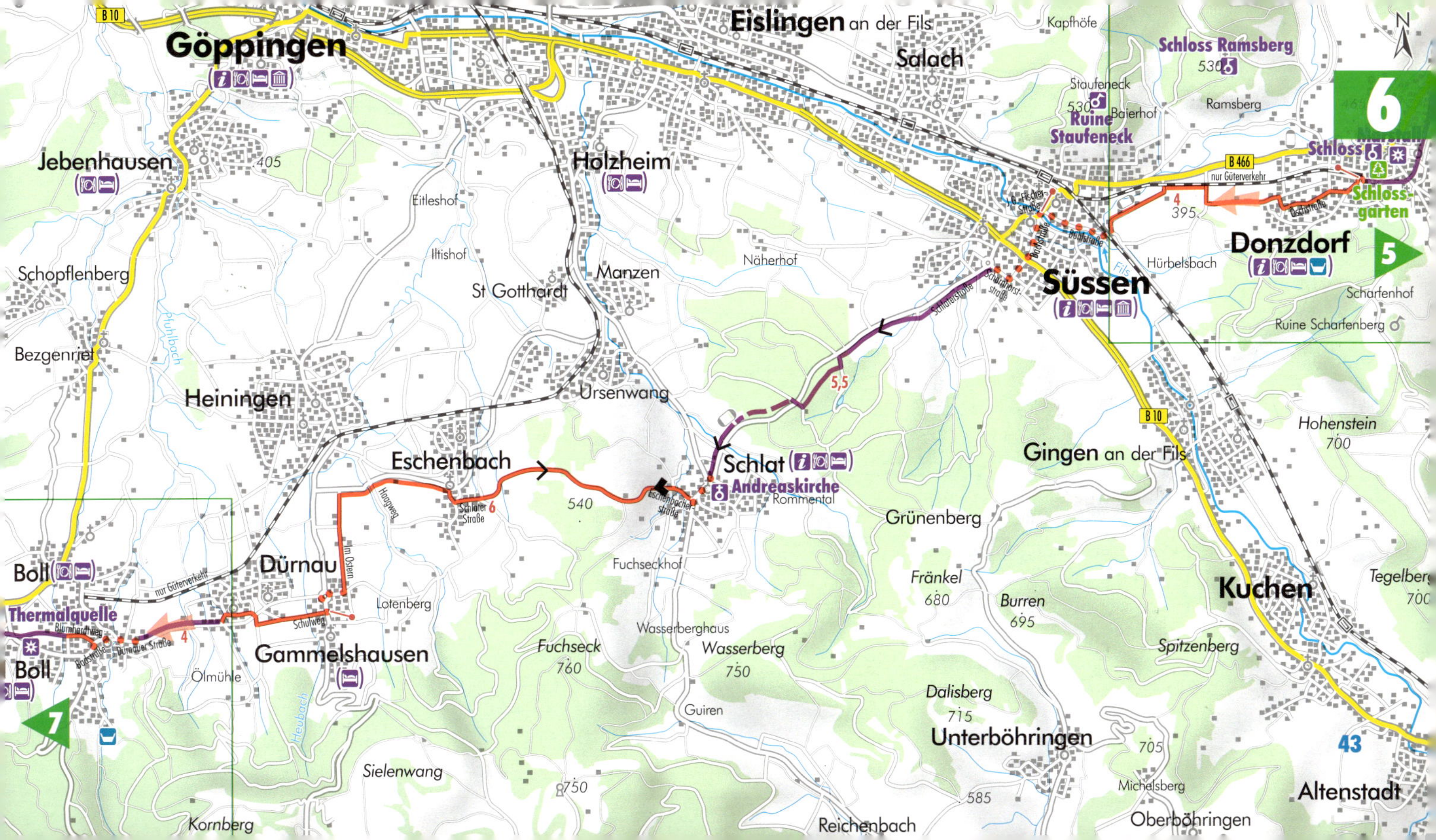

B 10
Göppingen
Eislingen an der Fils
Salach
Kapfhöfe
Schloss Ramsberg
530
Staufeneck
530
Ruine Staufeneck
Baierhof
Ramsberg
6
Jebenhausen
405
Holzheim
Eitleshof
Iltishof
Schloss
B 466
nur Güterverkehr
Schloss-garten
4
395
Donzdorf
5
Schopflenberg
St Gotthardt
Manzen
Näherhof
Süssen
Hürbelsbach
Scharfenhof
Ruine Scharfenberg
Bezgenriet
Pfuhlbach
Schlaterstraße
5,5
Heiningen
Ursenwang
B 10
Hohenstein
700
Eschenbach
Schlat
Andreaskirche
Rommental
Gingen an der Fils
Haagweg
Schlater Straße
6
540
Eschenbacher Straße
Grünenberg
Im Ostern
Fuchseckhof
Boll
Dürnau
nur Güterverkehr
Lotenberg
Fränkel
680
Burren
695
Kuchen
Tegelberg
700
Thermalquelle
Blumhardtweg
Badstraße
Dürnauer Straße
4
Schulweg
Wasserberghaus
Fuchseck
760
Wasserberg
750
Spitzenberg
Boll
Ölmühle
Gammelshausen
Heubach
Dalisberg
715
Guiren
7
Unterböhringen
705
43
Sielenwang
750
585
Michelsberg
Altenstadt
Kornberg
Reichenbach
Oberböhringen

Feldlandschaft auf dem Messelberg

✳ **Kunstgießerei Ernst Strassacker KG**, Staufeneckstr. 19, ✆ 16-229, ÖZ Galerie und Skulpturenpark: ganzjährig, Mo-Fr 9-18 Uhr, Sa 9-12 Uhr, Betriebsbesichtigungen nur n. V. In der größten deutschen Bronzegießerei wird unter anderem der „Bambi" gegossen.

🛁 **Hallenbad**, Schulstr. 1, ✆ 462890

An der Vorfahrtsstraße nach links über die Brücke der Lauter in die **J.G.-Fischer-Straße** → an der nächsten Vorfahrtsstraße halblinks in die **Bachstraße** weiter bis zur Kreuzung mit der Bundesstraße B10 → die Bundesstraße geradeaus zur Tempo 30 Zone hin überqueren → der Kfz-Beschilderung Richtung Süssen-Süd folgen → nach rechts in die **Scharnhorststraße** Richtung Schlat → an der Vorfahrtsstraße nach links in die **Schlater Straße** → ab dem Kreisverkehr verläuft linksseitig ein Radweg entlang der Kreisstraße.

Der Radweg wechselt bei einem Wanderparkplatz die Straßenseite und ist ab hier geschottert → an der Schranke vorbei und nach links dem Rad-/Fußweg Richtung Schlat folgen → ab dem Sportplatz wieder asphaltiert → das letzte Stück bergauf bis in den Ort Schlat.

Schlat
PLZ: 73114; Vorwahl: 07162

ℹ **Bürgermeisteramt**, Hauptstr. 2, ✆ 987397-0

⛪ **Andreaskirche**, Hauptstr. Im Jahr 1472 wurde die Kirche am höchsten Punkt des Dorfes errichtet.

🏰 **Ruine Staufeneck**, zwischen Süßen und Salach. Die zwischen 1220 und 1250 erbaute Burg war neben der Burg Hohenrechberg das vermutlich stärkste Bollwerk im Burgenring um den Hohenstaufen. Vom Bergfried genießt man den Ausblick auf die Höhenzüge der Schwäbischen Alb, die Drei-Kaiser-Berge und das Filstal.

✳ **Gasthof Lamm**, Eschenbacherstr. 1, ✆ 999020, Betriebsbesichtigung möglich. Zu den Besonderheiten der Produktion gehören Schaumweine aus der Champagner-Bratbirne, Pommello-Perlwein aus alten Apfelsorten und Obstbrände.

✳ Von der **Albtrauf** hat man einen schönen Blick auf die Kaiserberge.

🔺 **Obstlehrpfad**

Schlat ist ein kleiner idyllischer Ort am Fuße der Albberge. Der liebevoll gestaltete und gepflegte Ortskern errang den höchsten Preis des Landeswettbewerbes „Unser Dorf soll schöner werden".

An der Vorfahrtsstraße nach links Richtung Reichenbach i.T. abbiegen → nach der Ampelanlage vor dem Gasthof Lamm nach rechts von der Ortsdurchgangsstraße in die **Eschenbacherstraße** abbiegen → an deren Ende nach links auf eine kleine asphaltierte Straße Richtung Eschenbach → der Weg steigt aus dem Ort heraus zunächst deutlich an und zieht sich dann mit schöner Aussicht durch Streuobstwiesen am Hang entlang bis in den Ort Eschenbach → geradeaus auf der **Schlater Straße** bis an die Vorfahrtsstraße → hier nach rechts.

Eschenbach

An der Kreuzung vor der Kirche nach links in

einen asphaltierten landwirtschaftlichen Weg ↝ anfangs parallel zur Kreisstraße ↝ bei der Kreuzung mit dem Haagweg bei einem Wanderparkplatz geradeaus weiter über eine kleine Brücke ↝ an der Gabelung von drei Wegen rechts halten ↝ bei der Kreuzung neben einem Starkstrommast links abbiegen ↝ geradeaus entlang der Starkstromleitung auf einem Betonplattenweg bis in den Ort Gammelshausen ↝ auf der Straße **Im Ostern** geradeaus in den Ort hinein ↝ an der T-Kreuzung nach rechts.

Gammelshausen

Am Kreisverkehr nach links in die Hauptstraße zu einem Gasthaus hin ausfahren ↝ nach der Fußgängerampel nach rechts in den **Schulweg** in eine kleine Betonplattenstraße ↝ der Belag wechselt bei Erreichen des Ortes Dürnau zu Asphalt ↝ an der Viererkreuzung rechts und weiter bis zur Vorfahrtsstraße ↝ über die Hauptstraße weiter in die **Bahnhofstraße**.

Dürnau

An der T-Kreuzung halbrechts halten zur Sparkasse ↝ gleich danach links in die **Schlossstraße** und weiter halblinks haltend in den **Von-Degenfeld-Weg** ↝ durch ein Wohngebiet ↝ es folgt eine Rechtskurve ↝ bei einem Lebensmittelmarkt auf die Ortsdurchgangsstraße ↝ hier nach rechts abbiegen zum Ort hinaus auf dem straßenbegleitenden Radweg bis zum Ort Boll ↝ der Radweg mündet hier wieder in die Ortsdurchgangsstraße, die **Badstraße** ↝ diese windet sich durch den Ort, vorbei an der Kirche.

Boll

Am Gasthaus Krone nach rechts in den **Blumhardweg** abzweigen ↝ durch ein Wohngebiet ↝ beim Abzweig der Straße Wiesengrund geradeaus in einen Rad- und Fußweg ↝ weiter Richtung Seniorenwohnanlage ↝ aus dem Ort hinaus jetzt auf Verbundplattenbelag bis zur Kreuzung mit der Kreisstraße ↝ diese geradeaus an der Ampelanlage überqueren ↝ weiter dem Rad- und Fußweg bis Bad Boll folgen.

Bad Boll

PLZ: 73087; Vorwahl: 07164

🛈 **Bad Boll Info**, Am Kurpark 1, ✆ 808-28

🏛 **Museum Hohl**

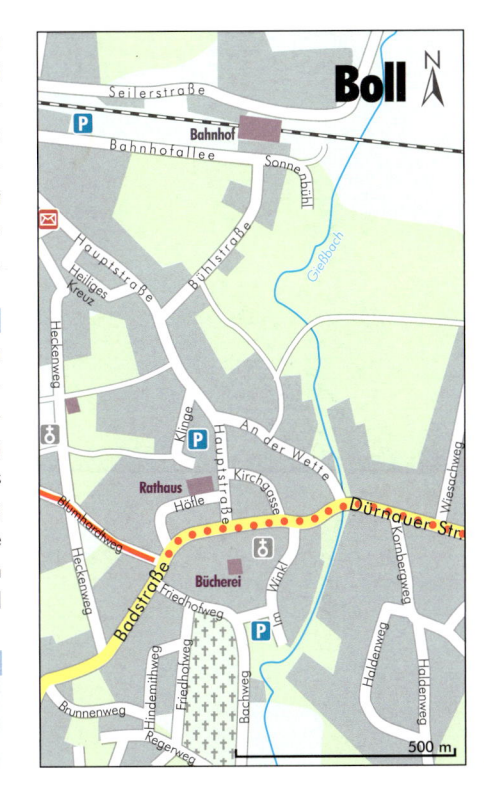

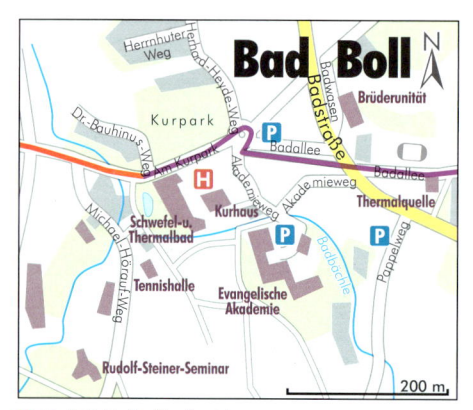

- **Ev. Stiftskirche** (Stauferzeit)
- **Kurhaus und Kurpark.** Die schlossartige Anlage des Kurhauses (1594) liegt in mitten des Kurparks mit einem einzigartigen Baumbestand aus dem 19. Jh. Hier steht die mit Rosen umrankte Wandelhalle im Biedermeierstil und das Belvedere, das im Volksmund „Tempele" heißt.
- **Einsamer Baum.** Der einzelstehende Baum ist ein wunderbarer Ort einen Blick auf den Kurort und das Boller Alb-Panorama zu werfen.
- **Naturschutzgebiet Teufelsloch-Kaltenwang**, Ortsteil Eckwälden. Zum NSG gehören die zahlreichen Streuobstwiesen,

die zum einzigen europäischen IBA-Gebiet (International Bird Area) gehören und als solches die seltenen und bedrohten Vogelarten schützen.

- **Freibad**
- **Thermal-Mineralbad**

Bad Boll liegt im Albvorland eingebettet in eine wunderschöne Kulturlandschaft mit Streuobstwiesen, Buchen-Mischwäldern und wogenden Kornfeldern.

„Württembergisch Wunderland" wurde der Ort im 16. Jahrhundert genannt. Damals wurden bei Grabungsarbeiten erstmalig Versteinerungen von Meerestieren gefunden.

Ein weiteres „Wunder" war die Entdeckung zweier Schwefelquellen und einer salzhaltigen Quelle im Jahre 1595. Daraufhin beauftragte Herzog Friedrch I. den schwäbischen Baumeister Heinrich Schickhardt mit dem Bau eines Badegebäudes. Bereits ein Jahr später war das prächtige schlossartige Kurhaus mit seinen stuckverzierten Räumen fertig und der herzogliche Badebetrieb konnte aufgenommen werden.

Über die Grenzen Baden-Württembergs hinaus bekannt wurde Bad Boll im 19. Jahrhundert durch das Wirken von Pfarrer Johann Christoph Blumenhardt (1805-1880).

Bad Boll ist heute ein Kurort mit Tradition, der auf eine 400jährige Geschichte als Heilbad zurückblickt.

Land der Staufer

Bad Boll ist auf dem Schwäbischen Alb-Radweg das Tor zum Land der Staufer. Bis Lautern begegnen Sie geschichtsträchtigen Orten, die an das einst einflussreichste Herrschergeschlecht des Mittelalters erinnern.

Drei große historische Ereignisse ragen aus der Familienchronik heraus. Sie erzählen vom Aufstieg, der Machtfülle und dem Fall der Staufer. Mit dem Gang nach Canossa im Jahre 1076, auf den Friedrich von Staufen Kaiser Heinrich IV. begleitete, treten die Staufer ins Rampenlicht der europäischen Geschichte. Sie ziehen vom Wäscherschloss, die „Wiege der Staufer", in die Burg auf dem Hohenstaufen und nennen sich von nun an „von Hohenstaufen". Im 12. Jahrhundert weitet der

Stauferkaiser Friedrich I. Barbarossa den Herrschaftsbereich der Staufer bedeutend aus. Es entsteht das Heilige Römische Reich Deutscher Nationen. Auf seinem dritten Kreuzzug kam er unter mysteriösen Umständen zu Tode. Mit der Enthauptung des 15-jährigen Konradins, der seine Ansprüche auf das stauferische Erbe durchsetzen wollte, verschwanden die Staufer vom politischen Parkett.

Im Kloster Lorch befindet sich das monumentale Stauferrundbild, das neben diesen Ereignissen weitere geschichtsträchtige Stätten aus der Geschichte der Staufer von Filstal bis Neapel darstellt. Die Straße der Staufer führt direkt durch das Land der Staufer. Informationen hierzu erhalten Sie bei der Touristikgemeinschaft Stauferland, Marktpl. 37/1, ☎ 603-4210 in Schwäbisch Gmünd.

Von Bad Boll nach Neidlingen — 18 km

Am Kurhaus geradeaus, weiter durch die Fußgängerzone (Fahrrad schieben!) ~ am Ende der Fußgängerzone weiter auf dem Rad- und Fußweg jetzt leicht bergab ~ an der

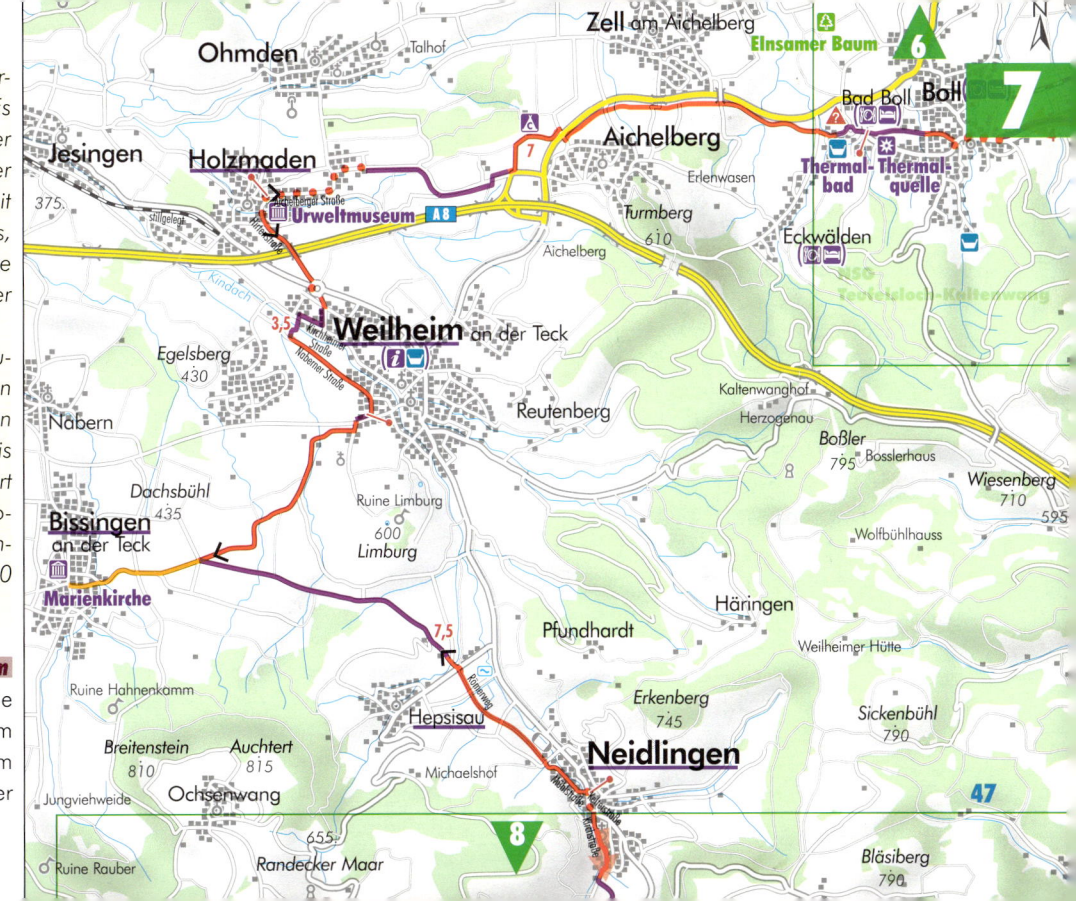

Vorfahrtsstraße rechts in den **M.-Höraufweg** — die kurz darauf folgende Vorfahrtsstraße überqueren — gegenüber in den Wirtschaftsweg — kurz bergauf, dann wieder flach.

Dem asphaltierten Wirtschaftsweg parallel zur Landstraße folgen — bei Erreichen des Ortes Aichelberg nach rechts der Fahrradbeschilderung Richtung Holzmaden unter der Unterführung der Landstraße durch.

Aichelberg

Danach links halten und wenige Meter weiter nach rechts der Fahrradbeschilderung Richtung Holzmaden folgen — vorbei am Campingplatz Aichelberg — an dessen Ende links leicht bergan abzweigen bis zum Erreichen der Landstraße — hier rechts dem asphaltierten Weg für wenige hundert Meter folgen — an der Kreisstraße auf den linksseitig verlaufenden Wirtschaftsweg einbiegen — bis in den Ort Holzmaden.

Tipp: Kurz vor dem Ort besteht die Möglichkeit eines Abstechers zum Urweltsteinbruch (beschildert).

Der Weg geht hier für wenige Meter in einen Rad- und Fußweg über und mündet dann auf die Ortsdurchgangsstraße — auf dieser bis zur Vorfahrtsstraße — hier links in die **Aichelberger Straße** abzweigen.

Holzmaden
PLZ: 73271; Vorwahl: 07023

- **Bürgermeisteramt**, ✆ 90001-0
- **Urwelt-Museum Hauff**, Aichelberger Str. 90, ✆ 2873, ÖZ: ganzjährig, Di-So 9-17 Uhr, lebensgroße Modelle von Sauriern, Dioramen, Schautafeln, Videofilme und Animationen, Lehrschieferbruch, Präparationswerkstatt. Das Urwelt-Museum ist das größte private Naturkundemuseum Deutschlands. Alle Versteinerungen stammen aus der Werkstatt der Paläontologen- und Präparatoren-Familie Hauff. Gezeigt werden Fossilien, die in den vergangenen 100 Jahren in den Schieferbrüchen aus der Umgebung von Holzmaden gefunden wurden. Das bekannteste Ausstellungsstück ist ein fast 4 m langer Ichthyosaurier. Hierbei handelt es sich um ein Muttertier mit fünf Embryonen im Leib und einem bereits geborenen Jungtier. Eine Nachbildung des Posidonienschiefers und Schautafeln erläutern die Geologie des Schwäbischen Juras. Auf den Außenflächen des Dinoparks sind Nachbildungen der Landbewohner des Erdmittelalters zu sehen.
- Sehenswert ist der **Ortskern „Bätscher"** mit dem Rathausplatz und dem renovierten Fachwerkrathaus.

Vorbei am bekannten und besuchenswerten Urweltmuseum, weiter auf der **Aichelberger Straße**, Fahrradbeschilderung Weilheim nach einem kurzen Anstieg links in die **Hirtenstraße** — weiter bergan zum Ort hinaus über die Autobahn **A8** weg bis zu einem Kreisverkehr am Ortsrand von Weilheim — den Kreisverkehr in Verlängerung geradeaus zum Ort Weilheim hin verlassen und auf dem Rad- und Fußweg der **Holzmadener Straße** in den Ort hinein, Fahrradbeschilderung Neidlingen.

Weilheim a. d. Teck
PLZ: 73235; Vorwahl: 07023

- **Stadtverwaltung**, ✆ 106-0
- **Peterskirche** (15. Jh.). Die Kirche besitzt eine berühmte Barockorgel aus dem Jahr 1792 und wertvolle Malereien.
- Der behutsam sanierte **Stadtkern** rund um den Marktplatz ist einen Besuch wert. Besonders interessant sind das Helferhaus, das Kapuzinerhaus (1565), die Schlossscheuer auf der Stadtmauer (1319) und das Bürgerhaus (1557).
- **Freibad Weilheim**, Scholderstr., ✆ 106-29
- **Lehrschwimmbecken Limburghalle**, Helfersbergweg 9, ✆ 106-28

Nach rechts in die **Kirchheimer Straße** mit

separatem Radfahrstreifen ↝ beim Parkplatz nach links über eine kleine Brücke (Tennissteig) Richtung Tennisanlagen ↝ auf einem Rad- und Fußweg zwischen Tennisplätzen und Bogenschießanlage hindurch ↝ nach der Tennishalle links Richtung Neidlingen/Bissingen, später Stadtmitte, auf der **Naberner Straße** fahren ↝ an der Vorfahrtsstraße rechts in die **Untere Rainstraße** Richtung Bissingen ↝ kurz vor der nächsten Vorfahrtsstraße nach rechts auf den Bürgersteig wechseln und weiter rechts dem Radstreifen Richtung Egelsberg, Bissingen, Nabern ein Stück parallel der Straße folgen ↝ kurz danach die Straßenseite Richtung Friedhof wechseln, Fahrradbeschilderung Richtung Bissingen ↝ der kleinen Straße leicht bergan und ab jetzt der Fahrradbeschilderung Richtung Neidlingen folgen.

Tipp: An der Kreuzung von 5 Wegen ist ein Abstecher nach Bissingen a. d. Teck und in den Ort Ochsenwang, in dem der Dichter Mörike 1832 eine Stelle als Vikar antrat, möglich.

Bissingen a. d. Teck
PLZ: 73266; Vorwahl: 07023

- **Bürgermeisteramt**, Vordere Str. 48, ✆ 90000-11
- **Eduard-Mörike-Gedenkstätte**, Ortsteil Ochsenwang, Kontakt: Fr. König, In den Grundwiesen 10, ✆ 2304. Die Gedenkstätte zeigt Dokumente des Dichters Eduard Mörike, der zwischen 1832 und 1833 als Vikar in Ochsenwang tätig war.
- Die im Stil der Gotik errichtete **Marienkirche** wurde 1824 im Stil des „Zweiten Rokoko" erweitert.
- Die kleine **Dorfkirche** im Ortsteil Ochsenwang ist im Kern spätgotisch. Das Inventar bietet das Bild einer typischen württembergischen Landkirche: barocker Taufstein, Altarkruzifix, Kanzel in bäuerlichem Klassizismus.
- **Ruine Burg Teck.** Hoch auf dem Teckberg gibt es ein Wanderheim des Schwäbischen Albvereins, das zu selbstgebackenen Kuchen und Leckeres vom Grill anbietet.
- Sehenswerter **Ortskern**, dessen Bild von dem Fachwerkrathaus (1669) und dem Adlerbrunnen geprägt wird.
- Vom **Teckberg** (775 m ü.N.N.) reicht die Aussicht bis nach Schwäbisch Hall und über das Tal der Lenninger Lauchert.
- **Radsport Knödler**, Karlstr. 11, ✆ 72662

Weithin überragt der Teckberg die Schwäbische Alb, über den ein Sprichwort sagt: „Wer diesen Berg nicht erlebt hat, wer noch nie vom Rauber aus über den Sattelbogen, am weithin leuchtenden Gelben Felsen vorbei zur Burgruine Teck gewandert ist, der kennt die Alb nicht." Vom Teckberg reicht die Aussicht bis nach Schwäbisch Hall und im Winter sogar bis zum 150 Kilometer entfernten Säntis in den Schweizer Alpen.

Die Gründung der stattlichen Burg Teck, die erstmalig 1152 erwähnt wurde, war vermutlich Herzog Konrad IV. von Zähringen. Die Burg war dann viele Jahre Sitz der „Herzöge von Teck", einer Nebenlinie der Zähringer. 1625 wurde sie während der Bauernkriege niedergebrannt.

Der Dichter Eduard Mörike (1804-1875) war ein Erzähler zwischen Romantik und Realismus. Seine Gedichte wurden unter anderem von Schuhmann und Hugo Wolf vertont. In den Jahren 1832-33 war er Vikar in Ochsenwang bei Bissingen an der Teck.

Auf der Hauptroute an der Kreuzung von 5 Wegen scharf nach links abbiegen, weiter der Beschilderung Richtung Neidlingen folgen — ab hier für den Pkw-Verkehr gesperrt und auf einem Betonplattenweg, später dann wieder asphaltiert — linker Hand eine markante Bergkuppe mit der ehemaligen Limburg, schöne Streckenführung durch Streuobstwiesen mit leichtem Auf und Ab — an der Kreuzung mit der Landstraße geradeaus weiter in den Römerweg Richtung Neidlingen, zur Rechten liegt die Ortschaft Hepsisau.

Hepsisau
PLZ: 73235; Vorwahl: 07023

- **Stadtverwaltung Weilheim a. d. Teck**, ✆ 106-0
- Das Ortsbild des zu Weilheim gehörenden Ortes Hepsisau wird von dem **Rathaus** aus der Biedermeierzeit, der schmucken Kirche und den alten **Bauernhäusern** geprägt. Zu sehen gibt es auch ein **Backhaus**.

2,5 km geradeaus dem Betonplattenweg folgen — am Sportplatz vorbei in den Ort Neidlingen — an der Kreuzung halbrechts halten weiter in die **Widerholtstraße**, die später in die **Mühlstraße** übergeht — in einem Linksbogen bergab.

Tipp: Abstecher zur Tropfsteinhöhle und Ruine Burg Reußenstein zwischen Schopfloch und Neidlingen.

Neidlingen
PLZ: 73272; Vorwahl: 07023

- **Gemeindeverwaltung**, ✆ 90023-0
- Der idyllische Ort besitzt ein sehenswertes Ensemble interessanter **Fachwerkgebäude**. Darunter das stattliche Fachwerkrathaus. Unweit davon entfernt finden Sie das Pfarrhaus mit der dazugehörigen Pfarrscheuer.
- **Widerholtmühle**
- **Neidlinger Wasserfall**

Neidlingen ist eine der großen Kirschanbaugemeinden der Schwäbischen Alb. Alljährlich im Frühjahr erblühen im milden Klima über 20.000 Kirschbäume. Die Täler zu Füßen des Reußensteins (760 m ü.N.N.) und des Heimensteins (163 m ü.N.N.) sind dann mit einem weißen Blütenschleier überzogen.

Von Neidlingen nach Böhringen-Römerstein 19 km

Vor der Pizzeria nach rechts in die **Keltererstraße** abbiegen — vor der Raiffeisenbank dann rechts in die **Kirchstraße** entlang eines kleinen Bachlaufes — ab dem Wanderparkplatz ist die Kirchstraße für Kfz-Verkehr gesperrt — kurz danach im rechten Winkel nach links abzweigen, bald steil bergan, nach einer Rechtskurve etwas flacher — ab dem Waldrand dann wieder steil bergauf.

An der T-Kreuzung links auf dem asphaltierten Weg bleiben, jetzt kurzzeitig leicht bergab — der Weg mündet bei einem Parkplatz in die Landstraße — hier rechts und auf dieser bergan bis zur nächsten Kehre — hier nach rechts zu einem Parkplatz hin die Landstraße wieder verlassen — der ab hier geschotterte Weg steigt steil an in den Wald hinein — an der ersten Verzweigung links halten, weiter bergauf, der

Belag ist stellenweise recht rau.

Entlang einer senkrechten Felswand ~ am Waldrand wechselt der Belag zu Asphalt ~ an der Vorfahrtsstraße nach rechts auf den straßenbegleitenden Radweg ~ nach rund 200 Metern die Straße nach links überqueren und dem asphaltierten Wirtschaftsweg von der Landstraße weg leicht bergab folgen.

Tipp: Der Weg verläuft hier parallel zur ausgeschilderten Filstalroute und dem Alb-Neckar-Weg.

Am folgenden Abzweig geradeaus halten der Wanderbeschilderung Richtung Schopfloch folgend ~ der Weg beschreibt eine weite Rechtskurve und führt dann am Waldrand entlang ~ an der folgenden Viererkreuzung bei einer Sitzbank geradeaus bleiben ~ beim Wanderparkplatz bis zur Vorfahrtsstraße vorfahren.

Tipp: Rechter Hand liegt die Ortschaft Schopfloch.

Schopfloch
PLZ: 73252; Vorwahl: 07026

ℹ️ Die Naturschutzgebiete **Schopflocher Moor** und **Randecker Maar** liegen zwischen Schopfloch und Ochsenwang. Kontakt: Naturschutzzentrum Schopflocher Alb, Vogelloch 1, ☎ 95012-0, ÖZ: 15. April-14.Okt., Di-Fr 14-17 Uhr, So 11-17 Uhr, 15. Okt.-14. April, Di-Fr 14-17 Uhr, 1. So im Monat 11-17 Uhr.

Das Landschaftsbild im Bereich der Schopflocher Alb wird von Karsterscheinungen wie Höhlen, Trockentälern und Dolinen geprägt. Der Steilabfall der Alb und bizarre Felsformationen waren im Mittelalter ideale Plätze für Burgen. Allein 10 Burgstellen und Ruinen sind in der Schopflocher Alb bekannt.

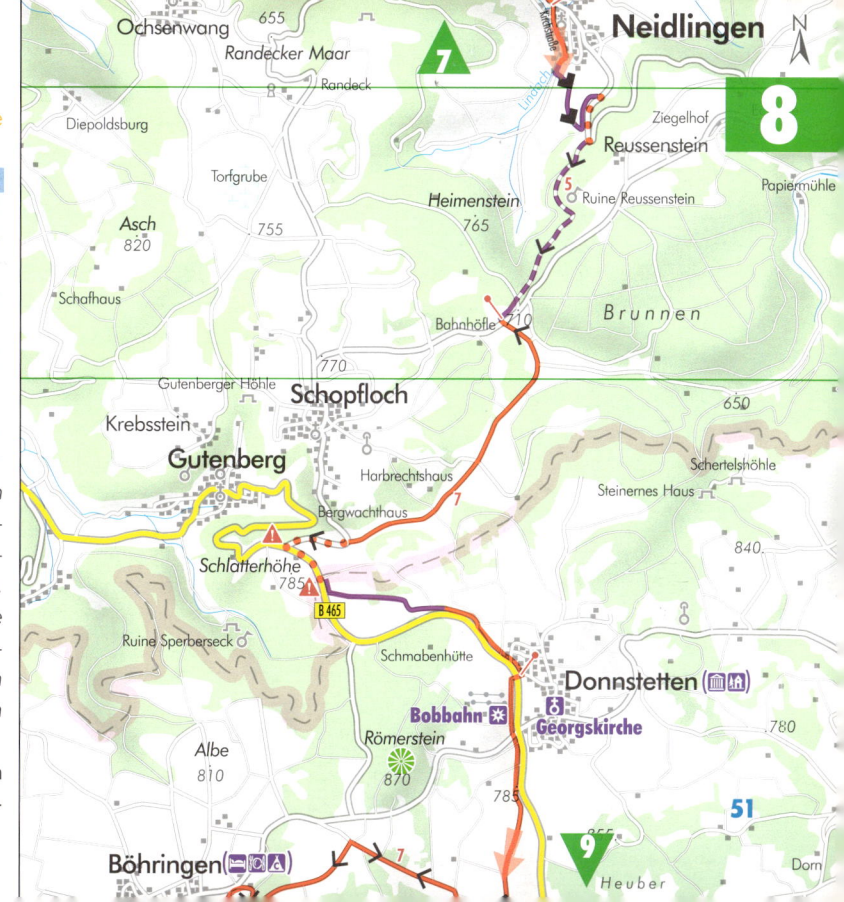

Hier an der Landstraße nach links bergauf ~ an der Kreuzung mit der Bundesstraße B 465 nach links Richtung Bad Urach abzweigen ⁓ am Ende der Steigung die Bundesstraße vorsichtig nach links zu einem Wanderparkplatz hin überqueren

⚠ **Tipp: Aber nicht zum Parkplatz weiterfahren sondern dem Betonplattenweg mit Grasmittelstreifen in einem Linksbogen folgen.**

Über die nächste Kreuzung geradeaus hinweg, jetzt asphaltiert und mit leichter Steigung für ein kurzes Stück in den Wald hinein ⁓ bald wieder hinaus, über Wiesen und mit leichtem Anstieg erneut in den Wald ⁓ gleich darauf parallel zur Bundesstraße auf einem Betonplattenweg ⁓ am Ortsrand von Donnstetten geradeaus halten bis zur Kreuzung mit der Ortsdurchgangsstraße.

Donnstetten-Römerstein
PLZ: 72587; Vorwahl: 07382

- 🛈 **Gemeindeverwaltung**, Albstr. 2, ✆ 9398-21
- 🏛 **Heimatmuseum**, Westerheimer Str. 5, ✆ 939960, ÖZ: April-Juli, Sept., Okt., So 13-17 Uhr u. n. V. Zu sehen ist ein Diorama der Zivilsiedlung des Römerkastells Clerenna, vor- und frühgeschichtliche Funde und eine bäuerliche Wohnung.
- ⛪ **Georgskirche** (15. Jh.)

Diese geradeaus und wenige Meter weiter auch die Bundesstraße nach rechts vorsichtig überqueren ⁓ weiter auf dem jetzt rechtsseitig verlaufenden Wirtschaftsweg Richtung Bad Urach ⁓ unterhalb der Bobbahn vorbei ⁓ an der Vorfahrtsstraße geradeaus weiter auf den Wirtschaftsweg, der sich leicht bergan von der Bundesstraße entfernt ⁓ an einer Viererkreuzung nach einer kurzen Abfahrt rechts abbiegen auf Schotter ⁓ an der folgenden T-Kreuzung nach rechts wieder auf Asphaltbelag ⁓ an der folgenden Kreuzung links dem als R14 bezeichneten Weg Richtung Böhringen folgen ⁓ vor Erreichen der Landstraße an einer Kreuzung neben einem Baum und einer Sitzbank links ⁓ jetzt wieder auf Betonplatten, bald in den Wald hinein ⁓ der scharfen Rechtsserpentine weiter bergab folgen bis zum Erreichen der Landstraße ⁓ auf dem Weg links der Straße bleiben, der sich gleich wieder von der Landstraße entfernt ⁓ an der Kreuzung neben einem markanten Felsen nach rechts zum Ort hin abzweigen und auf dem **Raisenweg** durch ein Wohngebiet ⁓ an der T-Kreuzung vor einem Gasthof nach links in die **Albstraße**.

Böhringen-Römerstein
PLZ: 72587; Vorwahl: 07382

- 🛈 **Gemeindeverwaltung**, Albstr. 2, ✆ 9398-21
- ⛪ **Neogotische Dorfkirche**
- ⛪ **Martinskirche**, Ortsteil Zainingen. Die einstige Wehrkirche stammt aus dem 15. Jh.
- 🏰 **Burgruine Sperberseck**, ✆ 9398-0. Auf dem Bergvorsprung sind beachtliche Mauerreste zu sehen.
- ✴ **Schertelshöhle**, ✆ 07333/6406, ÖZ: Palmsonntag-Mitte Nov., So 9-17 Uhr, Mitte Mai-Sept., tägl. 9-17 Uhr. In der zweigängigen Höhle sind Tropfstein- und Sinterbildungen zu sehen.
- ✴ **Aussichtsturm Römerstein**, ✆ 9398-0, ÖZ: Sa/So 9.30-17 Uhr, wochentags ist der Turmschlüssel im Gasthaus Hirsch im Ortsteil Böhringen erhältlich.
- 🚲 **Fa. Haas**, Poststr. 19, ✆ 5457

Die Albgemeinde Römerstein besteht aus den drei Orten Böhringen, Donnstetten und Zainingen, die rund um den Römerstein (874 m) liegen. Vom Aussichtsturm kann man nicht

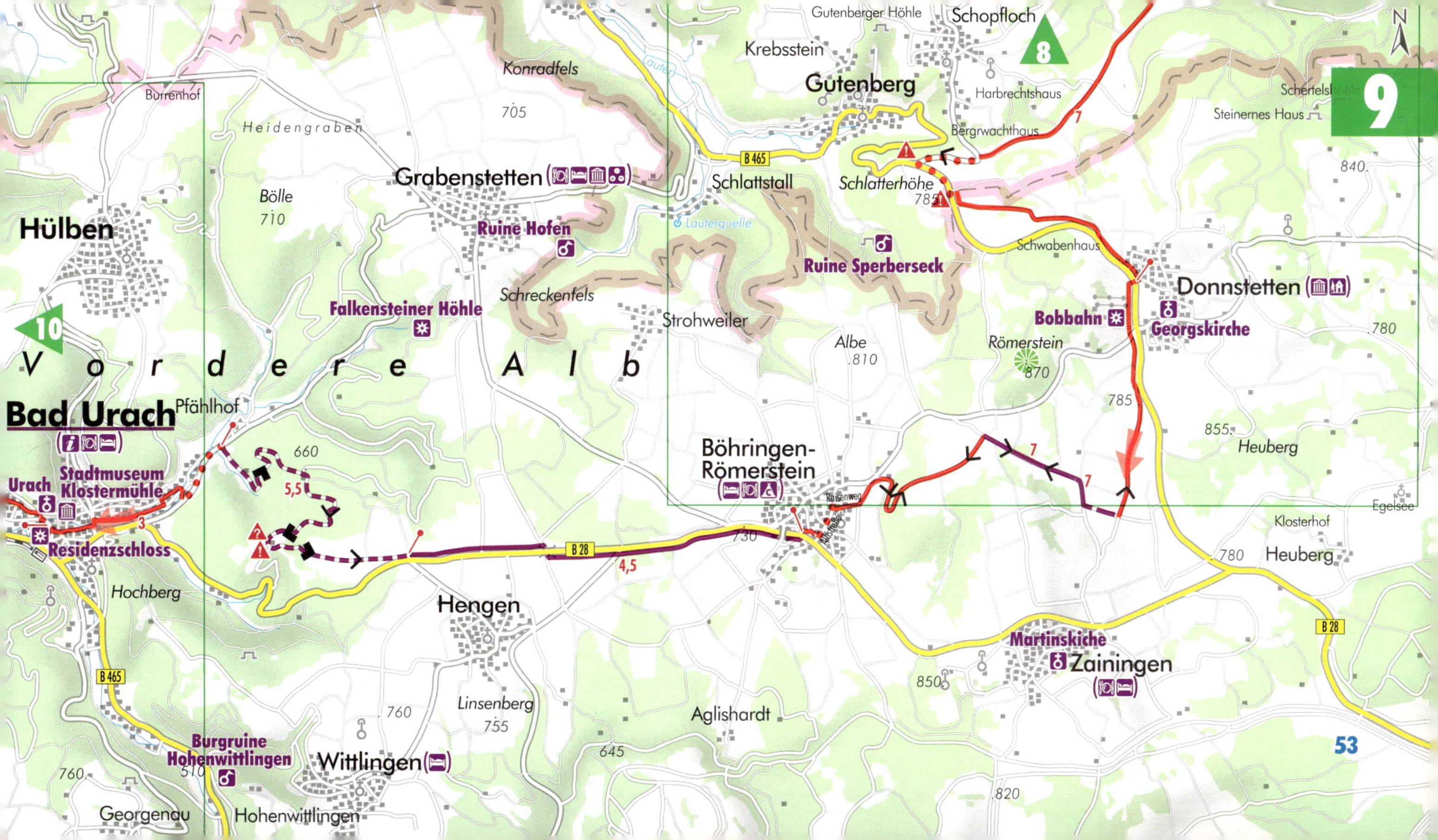
Gutenberger Höhle
Schopfloch
8
Krebsstein
Konradfels
Gutenberg
Harbrechtshaus
Schertelshöhle
9
Steinernes Haus
Burrenhof
Heidengraben
705
Bergwachthaus
7
Lauter
B 465
840
Grabenstetten
Schlattstall
Schlatterhöhe
785
Bölle
710
Lauterquelle
Hülben
Ruine Hofen
Ruine Sperberseck
Schwabenhaus
Donnstetten
Falkensteiner Höhle
Schreckenfels
Strohweiler
Bobbahn
Georgskirche
10
Albe
810
Römerstein
870
780
Vordere Alb
785
Bad Urach
Pfählhof
855
Heuberg
660
Böhringen-Römerstein
Stadtmuseum
Urach
Klostermühle
5,5
Raisenweg
Egelsee
Klosterhof
3
730
Residenzschloss
B 28
4,5
780
Heuberg
Hochberg
Hengen
B 28
Martinskiche
Zainingen
B 465
850
Linsenberg
760
755
Aglishardt
Burgruine
Hohenwittlingen
510
Wittlingen
645
760
820
Georgenau
Hohenwittlingen

nur die schwäbische Mittelgebirgslandschaft überblicken, sondern bei gutem Wetter das Bergpanorama von den Kaiserbergen in den Alpen und bis in die Vogesen erblicken.

Tipp: Einige Kilometer nördlich von Böhringen liegt die Ortschaft Grabenstetten.

Grabenstetten

PLZ: 72582; Vorwahl: 07382

- Gemeindeverwaltung, Böhringer Str. 10, ✆ 387
- Frühgeschichtliches Museum, Böhringer Str. 7, ✆ 387, ÖZ: n. tel. Anmeldung, Ausgrabungsstücke aus der Kelten- und Alemannenzeit.
- Ruine Hofen. Östlich des Ortes am Albtrauf befinden sich die Reste der Schild- und Grundmauer.
- Keltisches Oppidum „Heidegraben". Über das 1.700 Hektar große Gelände führt ein Rundweg mit Erläuterungstafeln vorbei an Grabhügeln, Wällen und rekonstruierte Befestigungsanlagen.
- Falkensteiner Höhle

Von Böhringen-Römerstein nach Bad Urach 13 km

Auf der Albstraße durch Böhringen und kurz vor dem Ortsausgang nach rechts in die **Hinter-Höfen-Straße** gleich darauf weiter nach links in einen Rad- und Fußweg unter der Unterführung der Bundesstraße B 28 durch auf der gegenüberliegenden Seite nach rechts auf den Weg linksseitig parallel zur Bundesstraße B 28 der Weg wechselt rund 2 Kilometer weiter durch eine Unterführung die Straßenseite anfangs parallel zur Bundesstraße vorbei an einem Wanderparkplatz entfernt sich der Weg von der Straße, führt immer steiler bergab und hat ab dem Waldrand nur noch einen teilweise sehr rauen Schotterbelag.

⚠ Tipp: Es folgt das bezüglich seiner Oberflächenbeschaffenheit schlechteste und damit schwierigste Stück des Radweges. Vorsicht, gefährliche Abfahrt insbesondere mit schmalen Reifen und Gepäck – im Zweifel schieben.

An der Kreuzung vor einer Schäferei nach rechts abzweigen, weiter steil bergab wieder in den Wald das Gefälle verflacht sich kurzzeitig um dann wieder steiler zu werden vorbei an einem Brunnen (kein Trinkwasser) die Route verlässt den Wald und führt zu einer T-Kreuzung hier links, an einer Schutzhütte mit Grillstelle links vorbei, weiter bergab und wieder in den Wald hinein der Weg ist weiterhin schlecht führt sehr steil in Serpentinen bergab und mündet im Pfähler Tal in die Landstraße links bis zum Ortsrand von Bad Urach.

Nach dem Autohaus nach rechts in die **Schützenstraße** abbiegen kurz darauf bei der Bushaltestelle Hans-Reyhing-Weg nach links über eine Fußgängerbrücke zur anderen Bachseite wechseln vorbei an einem Spielplatz links in die **Geirenbadstraße** und 30 Meter weiter in die als Spielstraße ausgeschilderte **Elsachstraße** geradeaus vorbei an einer Minigolfanlage nach der Ampel die **Neuffener Straße** nach rechts in die **Pfähler Straße** verlassen, die zur historischen Altstadt und direkt in die Fußgängerzone führt bei Erreichen der Fußgängerzone (Rad fahren erlaubt aber bitte Vorsicht) rechts halten und die Fußgängerzone durchqueren.

Bad Urach

PLZ: 72563; Vorwahl: 07125

- **Touristinfo**, Postfach 1206, ✆ 9432-0
- **Albvereinsmuseum im Residenzschloss**, Bismarckstr. 16, ✆ 158-490, ÖZ: ganzjährig, Di-So 9-12 Uhr und 13-17 Uhr. Das Museum erläutert die Geschichte des Albvereins und zeigt eine Ausstellung zum Thema Natur-Heimat-Wandern.
- **Grammophon-Museum**, Friedhofstr. 7, ✆ 3241, ÖZ: Sommerhalbjahr So 14-16 Uhr u. n. V. Das Museum führt durch die Geschichte der Tonaufzeichnung und Wiedergabegeräte von den Anfängen bis heute.
- **Stadtmuseum Klostermühle**, Bismarckstr. 9, ✆ 40600, ÖZ: Di, Mi, Fr, Sa 14-17 Uhr, So 10-12 Uhr und 13-17 Uhr. Thema: Bürgerliche Stadtgeschichte (1484-1850) einschließlich der Zünfte, Uracher Schäferlauf. Zudem ist ein mittelschlächtiges Wasserrad mit Transmission zu sehen.
- **Stiftskirche St. Amadeus** (um 1500). Die Stiftskirche zählt zu den bedeutenden Kirchenbauten der schwäbischen Spätgotik und besitzt wertvolle Ausstattungsstücke (Uracher Meisterkreis). Erbaut wurde die Kirche unter Graf Eberhard V. (1445-1496) von Württemberg.
- **Residenzschloss Urach** (1443), Bismarckstr. 16, ✆ 158-490, ÖZ: Di-So 9-12 Uhr und 13-17 Uhr, Führungen, Audioguide. Zu sehen sind die kunsthistorisch bedeutende Innenräu-

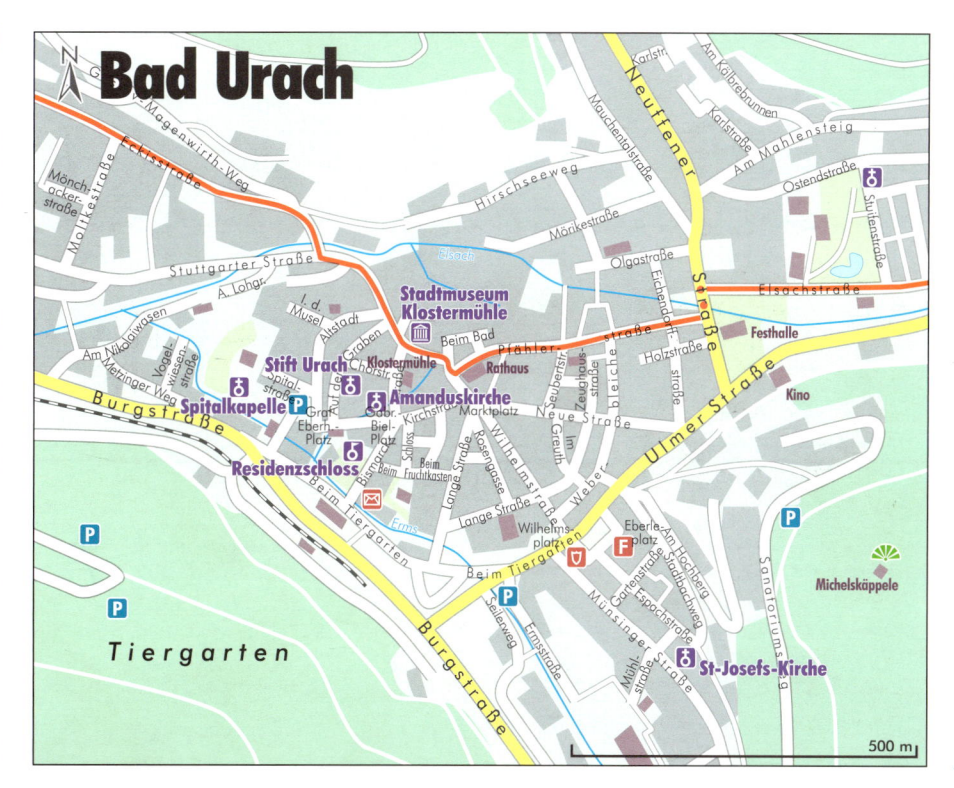

me Dürnitz- und Palmensaal, Goldener Saal und Weißer Saal sowie die größte europäische Prunkschlittensammlung.

- **Festungsruine Hohenurach,** ☎ 9432-0. Die einstige Burg wurde im 11. Jh. errichtet und im 16. Jh. durch die Herzöge von Württemberg zur Landesfestung ausgebaut. Bereits seit Mitte des 18. Jh. Ruine.
- **Hohenwittlingen,** Ot. Wittlingen. Die 1090 erbaute Burg ging im 13. Jh. in den Besitz der Grafen von Württemberg über. Von der Mitte des 16. Jh. bis ins 18. Jh. diente sie als Gefängnis und Zufluchtsort.
- **Peter-Pfundus-Bauernbühne,** Bei den Thermen 4, ☎ 9432-0.
- Historische Altstadt: Altes Rathaus (1562), Marktplatz mit Fachwerkhäusern (15./16. Jh.)
- **Uracher Wasserfall.** Von einem 37 Meter hohen Kalkfelsen schießt das Wasser hinunter und fließt dann 50 Meter über bemooste Kalktuffpolster.
- Die **Gütersteiner Wasserfälle** befinden sich in einem Talschluss nahe dem Platz des einstigen Klosters Güterstein.
- **Herbstliche Musiktage.** Das klassische Musikfestival findet jährlich Ende Sept./Anfang Okt. statt. Infos: Städt. Kulturamt, Postfach 1240, ☎ 9460-71.
- **Höhenfreibad Tiergartenberg,** Am Tiergartenberg, ☎ 156-160, ÖZ: Mai-Sept., tägl.
- **Wellen- und Freizeitbad Aquadrom,** Bei den Thermen 8, ☎ 9460-10, ÖZ: Mo-Do 10-22 Uhr, Fr. 10-23 Uhr, Sa 9-23 Uhr, So/Fei 9-21 Uhr, FKK-Baden, Di/Fr 18-23 Uhr, Wellen- und Außenbecken, Wasserrutschen, Grottenlandschaft, Sauna.
- **AlbThermen,** Bad Urach, Immanuel-Kant-Str. 29, ☎ 9436-5, ÖZ: tägl. 7.30-21 Uhr, Innen- und Außenbecken, Wassertemperaturen zwischen 32 und 28 Grad, Sauna.
- **Fahrrad-Fischer,** Stuttgarter Straße 1-3, ☎ 1442-0.

Bad Urach liegt umgeben von der Albhochfläche in einem Tal. Die Stadt ist Luftkurort und Heilbad und besitzt eine hyperthermale Mineralquelle mit einer Quelltemperatur von 61 Grad Celsius.

Die Stadt war über Jahrhunderte Gewerbe- und Handelszentrum sowie Verwaltungssitz. Im 15. Jahrhundert war Urach während der württembergischen Landesteilung gräfliche Residenz- und Oberamtsstadt der Grafen von Württemberg-Urach. Das Stadtbild wird von mittelalterlichen Fachwerkhäusern rund um den historischen, trapezförmigen Marktplatz mit dem spätgotischen Brunnen geprägt. Die beiden historische Residenzrundgänge A und B ermöglichen eine Reise in die Vergangenheit der Stadt. Während der Rundgang A durch das einst herrschaftliche Urach führt, gewährt der Rundgang B einen Blick in den bürgerlichen Bereich der Innenstadt.

Eine besondere Attraktion ist der Uracher Schäferlauf, der jedes zweite Jahr stattfindet. Auf Erlass durch den Herzog Württemberg wurde das Heimatfest 1723 zum ersten Mal ausgetragen.

Von Bad Urach nach Sigmaringen   92,5 km

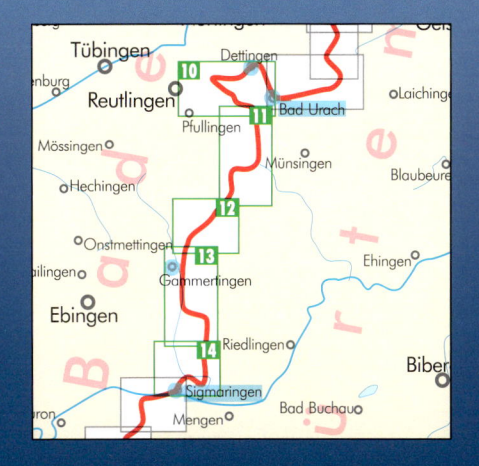

Nach einem entspannenden Bad in den Thermen von Bad Urach geht es gestärkt weiter zu den Botanischen Gärten von Dettingen. Im anspruchsvollen Auf und Ab führt die Route vorbei an der lebendigen Stadt Reutlingen, die durchaus einen Ausflug wert ist. Lassen Sie sich nun bezaubern von der Anmut der Pferde in den Gestüten rund um Gomadingen. Spannend wird es nicht nur im Gestütsmuseum, sondern auch im Automuseum in Engstingen etwas abseits der Route. Über das fachwerkbunte Trochtelfingen führt die Route dann hinein ins romantische Laucherttal nach Gammertingen. In Veringenstadt verlassen Sie das Tal wieder, um einige Kilometer später ins Donautal hinunterzufahren. Auf dem berühmten Donau-Radweg geht es ins nahe Sigmaringen.

Wie bisher verläuft die Route meist auf ruhigen Landstraßen und großteils autofreien Wirtschaftswegen. Im Laucherttal oft auch auf Radwegen, asphaltiert und gekiest. Anspruchsvolle Steigungen stellen auch hier wieder Ihre Kondition auf die Probe.

Von Bad Urach nach Offenhausen 28 km

Am Ende der Fußgängerzone geradeaus weiter, kurz bergab über den Bach, dann nach rechts in die **Eckisstraße** abbiegen vorbei am Firmengebäude des bekannten Fahrradkomponentenherstellers Magura links bergab Richtung Kurgebiet halten, weiter auf der Eckisstraße geradeaus in die **Eichhaldisstraße** und weiter in den **Frischlinweg** leicht bergab in einer Linkskurve vorbei an der Kirche weiter dem Frischlinweg folgen, der in die **Max-Eyth-Straße** übergeht.

Kurz vor Erreichen der Hauptstraße nach rechts in die Immanuel-Kant-Straße geradeaus Richtung Kurmittelhaus, am **Thermalbad** vorbei weiter der Immanuel-Kant-Straße bis zu deren Ende und Übergang in einen asphaltierten Wirtschaftsweg folgen.

Geradeaus Richtung Glems, leicht bergan dem Weg bis zum Ortsrand von Dettingen folgen an den ersten Gebäuden nach links unten auf die **Herdternstraße** abzweigen an der Vorfahrtsstraße nach rechts in die **Gustav-Werner-Straße**, ab hier auf einem Rad- und Fußweg an der folgenden Vorfahrtsstraße nach links abbiegen, wieder auf einem Rad- und Fußweg entlang der Straße in den Ort Dettingen.

Der Radweg mündet auf die **Hülbener Straße** dieser zunächst folgen, dann nach links in die Schneckenhofengasse am Vorfahrt achten neben dem Lebensmittelmarkt nach rechts Richtung Glems.

Dettingen/Erms
PLZ: 72581, Vorwahl: 07123

- **Bürgermeisteramt**, Rathauspl. 1, ✆ 7207-11
- **Wilhelm-Zimmermann-Gedenkstätte** im Fricker-Haus, Milchgasse 6, ✆ 77638, ÖZ: 1. So im Monat u.n.V. Die ständige Ausstellung informiert über das Leben und Werk des Historikers, Pfarrers, Dichters und Abgeordneten der ersten deutschen Nationalversammlung Wilhelm Zimmermann.
- **Heimatmuseum**, Metzinger Str. 27, ✆ 7063, ÖZ: Palmsonntag, 1. So im Juli, 2. So im Okt. und n.V. Themen: Handwerksstätten, bäuerliches und bürgerliches Wohnen, Schulwesen und Kindheit.
- **Ev. Stiftskirche**, ÖZ: außerhalb der Gottesdienste, 10-16 Uhr, Turmführungen. Das romanische Kirchenschiff wurde 1864 abgerissen und es entstand an dessen Stelle ein neugotischer Bau. Hierbei wurde der gotische Chor mit einem neugotischen Langhaus so zusammengefügt, dass eine Einheit entstand. Eine Besonderheit ist die 1866 von Wilhelm Blessing aus Esslingen erbaute hochromantische Kegelladenorgel. Diese Orgel ist sehr selten und steht deshalb unter Denkmalschutz. Ebenfalls unter Schutz stehen die zwei Fledermauskolonien unter dem Dach des Chores.
- Schmucke **Fachwerkhäusern** und das historischen Rathaus „Schlössle" prägen das Ortsbild.
- Die **Kabarett-Tage** mit namhaften Künstlern findet im Frühjahr statt. Infos erhalten Sie bei der Gemeindeverwaltung.

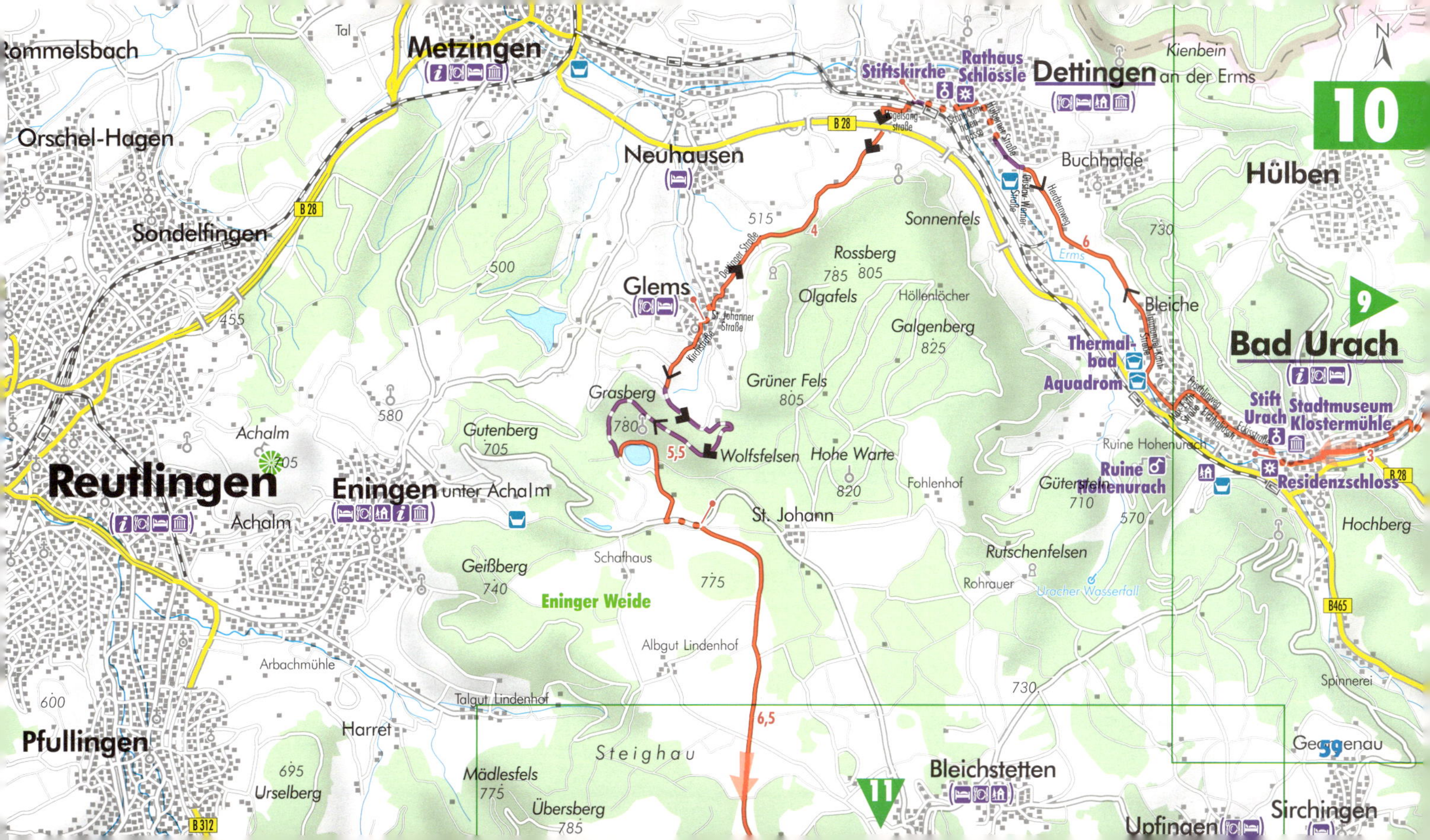

Rommelsbach
Tal
Metzingen
Orschel-Hagen
Sondelfingen
B 28
Neuhausen
Stiftskirche
Rathaus
Schlössle
Dettingen an der Erms
Kienbein
10
Buchhalde
Hülben
515
4
Sonnenfels
Rossberg
785
805
Olgafels
Höllenlöcher
Galgenberg
825
730
6
Erms
Bleiche
9
Bad Urach
500
455
Glems
St. Johanner Straße
Kirchstraße
Dettinger Straße
Grasberg
780
5,5
Wolfsfelsen
Grüner Fels
805
Hohe Warte
820
Thermalbad
Aquadrom
Stift Urach
Stadtmuseum Klostermühle
Ruine Hohenurach
Residenzschloss
3
580
Achalm
705
Gutenberg
705
Reutlingen
Eningen unter Achalm
Achalm
St. Johann
Fohlenhof
Güterstein
710
570
Hochberg
Schafhaus
Geißberg
740
775
Eninger Weide
Rutschenfelsen
Rohrauer
Uracher Wasserfall
B465
Albgut Lindenhof
Arbachmühle
Talgut Lindenhof
730
Spinnerei
600
6,5
Pfullingen
Harret
Steighau
Georgenau
59
695
Urselberg
Mädlesfels
775
Übersberg
785
11
Bleichstetten
Sirchingen
Upfingen
B 312

- **BMX-Skateboardbahn**, Freizeitgebiet Neuwiesen.
- **Botanische Gärten – Garten der Stille & Garten Eden**, Ot. Buchhalde, ÖZ: März-Okt., tägl. 9-18 Uhr.
- **Freibad**, Freizeitgebiet Neuwiesen, ✆ 7207-0, ÖZ: Mai-Sept., tägl. 8-20 Uhr.
- **Hallenbad Neuwiesen**, Hülbener Str. 11, ✆ 8764-5, ÖZ: Sept.-April
- **Fa. Eberle**, Hülbener Str. 32, ✆ 7966.

Tipp: Westlich von Dettingen gelegen liegt die Ortschaft Metzingen.

Metzingen

PLZ: 72555; Vorwahl: 07123

- **I-Punkt Tourismus**, Am Marktpl. 4, ✆ 925-326
- **Weinbaumuseum**, Am Klosterhof 6, ✆ 6944, ÖZ: April-Okt., So 10-17 Uhr. Dokumentation des regionalen und überregionalen Weinbaus. Zu sehen ist überdies ein Kelterbaum (12 m) aus dem 17. Jh.
- **Martinskirche.** Sie ursprüngliche spätgotische Hallenkirche wurde 1872/73 eingewölbt.
- **Rathaus** (1668) mit Neorenaissance-Dekor und Marktbrunnen (1758)
- **Historische Keltern** (16./17. Jh.)
- **Metzinger Weinberg** und **Neuhäuser Hofbühl**, ✆ 6944, Weinproben. Ein Weinlehrpfad führt durch die ausgedehnten Weinberg-Anlagen.
- **Freibad Auchertstraße**, Mühlwiesenstr. 30, ✆ 60089, ÖZ: Mai-Sept., tägl. 8-20 Uhr, Beach-Volleyball.
- **Eduard-Kahl-Bad**, Konrad-Adenauer-Pl. 4, ✆ 60026, ÖZ: Di 6.30-21 Uhr, Mi 7.15-21 Uhr, Do 8-18 Uhr, Fr 8-21 Uhr, Sa 8-15 Uhr, So 8-12 Uhr.

In Dettingen weiter auf der Hauptroute an der abknickenden Vorfahrtsstraße geradeaus in die **Karlstraße**.

Tipp: Diese Einbahnstraße ist im Gegenverkehr für Radler geöffnet.

Der Radweg verläuft hier auf dem linksseitigen Bürgersteig, weiter der Fahrradbeschilderung R15 Richtung Glems folgen ↝ gleich darauf nach links in die **Glemser Gasse** ↝ unter der Bahnlinie durch ↝ nach der Unterführung nach rechts in die **Vogelsangstraße** ↝ ein kurzes Stück entlang der Bahnlinie, dann der Vogelsangstraße nach links folgen ↝ oberhalb eines Firmengebäudes nach links steil bergauf, unter der Bundesstraße durch und weiter steil bergauf mit schöner Aussicht auf Neuhausen.

Der Anstieg wird flacher, weiter dem Asphaltweg mit der Bezeichnung R15 Richtung Glems folgen ↝ durch den Wald, dann steil abfallend auf der **Dettinger Straße** in den Ort Glems ↝ am Ende der Dettinger Straße nach rechts in den **St.-Johanner-Weg** bis zur Vorfahrtsstraße.

Glems

Hier links auf die Ortsdurchgangsstraße ↝ in der Kurve bei der Kirche die Vorfahrtsstraße geradeaus in die **Kirchstraße** verlassen, vorbei an der Kirche, weiter der Fahrradroutenbeschilderung R15 folgen ↝ an der Verzweigung am Ende der Tempo 30-Zone rechts halten Richtung Eninger Weide auf einen asphaltierten Wirtschaftsweg.

Der Weg steigt zunehmend steil an ↝ an der T-Kreuzung am Waldrand links abzweigen ↝ sehr steil bald auf Schotterbelag bergauf, vorbei an einer Schranke ↝ gleich darauf an der Verzweigung steil rechts bergan auf rauem Schotterbelag, mit Gepäck sehr anstrengend zu befahren ~ die Steigung wird zunehmend flacher, vorbei an einer weiteren Schranke zu einer T-Kreuzung ~ hier links auf den ab hier wieder asphaltierten Weg weiter bergan ~ dem asphaltierten Weg im Halbkreis um das Speicherbecken herum folgen ~ am etwas versteckt liegenden Wandererheim vorbei bis zur Kreuzung mit der Landstraße.

Tipp: An dieser Stelle können Sie einen Abstecher nach Reutlingen unternehmen. Dafür fahren Sie auf der Landstraße rechts über Eningen nach Reutlingen. Die Strecke ist jedoch recht schweißtreibend, also nur für diejenigen, die noch genug Energien übrig haben.

Eningen u. A.
PLZ: 72800; Vorwahl: 07121

- **Gemeindeverwaltung**, Rathauspl. 1 & 2, ✆ 892-143
- **Paul-Jauch-Museum**, Eitlinger Str. 5, ✆ 87282. In den original Wohn- und Arbeitsräumen sind Werke des Zeichners Paul Jauch (1870-1957) zu sehen, die durch Dokumente über den Künstler ergänzt werden.

Eningen

- **Heimatmuseum**, Eitlinger Str. 3 & 5, ✆ 81536, ÖZ: April-Okt. jeden 1. So im Monat 14-17 Uhr, Führungen auf Anfrage. Themen: Landhandelszeit 18./19. Jh., Flachsbearbeitung, bäuerliches Wohnen und Arbeiten. In über 30 Räumen und dem Freigelände werden verschiedene Gegenstände aus den genannten Bereichen gezeigt. Besondere Berücksichtigung findet der Hasier-Landhandel, der in Eningen eine lange Tradition besaß.
- **Eninger Weide**, ✆ 07121/892-149, Erholungsgebiet mit Wildgehege, Picknick- und Grillmöglichkeiten.
- **Wald-Freibad**, ✆ 892-141, ÖZ: Mai-Juni, Sept., Mo-Fr 10-20 Uhr, Sa, So 8-20 Uhr, Juli/Aug., tägl. 8-20 Uhr.
- Aussichtspunkt auf der **Achalm**.

Reutlingen
PLZ: 72764; Vorwahl: 07121

- **StaRT - Stadtmarketing und Tourismus Reutlingen GmbH**, Untere Gerberstr. 5-7, ✆ 939353-00
- **Naturkundemuseum**, Am Weibermarkt 4, ✆ 303-2022, ÖZ: ganzjährig, Di-So 10-17 Uhr, Führungen Do 17 Uhr und n.V.
- **Städt. Galerie**, Eberhardstr. 14, ✆ 303-2322, ÖZ: ganzjährig, Di-So 10-17 Uhr, Do bis 20 Uhr. Zu sehen sind Ausstellungen zeitgenössischer Kunst.
- **Städt. Kunstmuseum Spendhaus**, Spendhausstr. 4, ✆ 303-2213, ÖZ: ganzjährig, Di-So 10-17 Uhr, Do bis 20 Uhr.
- **Stiftung für konkrete Kunst**, Eberhardstr. 14, ✆ 370328, ÖZ: ganzjährig, Mi, Sa 14-18 Uhr und n.V. Konkrete, konzeptionelle und konstruktive Kunst des 20. Jh.
- **Feuerwehrmuseum**, Planie 22, ✆ 303-4623. Darstellung des Löschwesens in Reutlingen.
- **Heimatmuseum**, Oberamteistr. 22/32, ÖZ: ganzjährig, Di-So 10-17 Uhr, Do bis 20 Uhr, Lapidarium, ÖZ: März-Okt. tägl. 9-21 Uhr, Nov.-Feb., tägl. 9-16 Uhr. Das Museum dokumentiert die Stadtkultur der einstigen Reichsstadt.
- **Industriemagazin**, Eberhardstr. 14, ✆ 303-2539, ÖZ: n.V., Sammlung historischer Maschinen und Apparate.
- **Heimatstube Reicheneck**, Alte Dorfstr. 25, ✆ 493704, ÖZ: n. V.
- **Samenhandelsmuseum**, Stöfflerpl. 2, Ot. Gönningen, ✆ 7026, ÖZ: ganzjährig, Mo-Fr 8-12 Uhr, Mo 14-17 Uhr, Do 14-18 Uhr,

Mai-Aug., zusätzlich So 13-16 Uhr. Dokumentation des Gönninger Samenhandels.

🏛 **Museum In Dorf**, Im Dorf, Ot. Betzingen, ☎ 579390 od. 303-2050, ÖZ: April-Okt., Sa 14-17 Uhr, So 103.0-12 und 13.30-17 Uhr. Ausstellungen zur Betzinger Tracht und zur regionalen Möbelmalerei. Das Museum führt den Besucher in das Leben und Arbeiten in eine von der Industrialisierung geprägten bäuerlichen Gemeinde in der Zeit zwischen 1850 bis 1900.

⛪ **Marienkirche.** Die Kirche gilt als eine der schönsten Bauwerke der Hochgotik in Schwaben. Im Innern ist das Heilige Grab und der Taufstein beachtlich.

🏰 **Burgruine Achalm**, ☎ 303-2622 od. 3376. Die 1030 erbaute Burg gehörte den Grafen von Achalm. Heute sind Reste der Umfassungsmauern und der wiederaufgebaute Bergfried frei zugänglich.

🎭 **Reutlinger Theater „Die Tonne"**, Wilhelmstr. 69, ☎ 346903

🎭 **Theater Lindenhof**, Unter den Linden 18, Burladingen-Melchingen, ☎ 929394

🎭 **Freilichtbühne Markwasen**, Freizeitpark Markwasen, ☎ 25384, ÖZ: Juni-Sept., Kinderstücke: Sa, teilweise Mi und So 15 Uhr, Erwachsenenstücke: Sa, teilweise Fr 20.30 Uhr und So 15 Uhr.

✳ **Mittelalterlicher Stadtkern.** Reste der Stadtbefestigung sind erhalten.

✳ **Mundart-Wochen.** Infos: Mundartgesellschaft Württemberg e.V., Bad Schussenried, ☎ 07583/926005.

✳ **F1 Go-Kart Motodrom**, Sondelfinger Str. 17/1, ☎ 370001, ÖZ: Mo-Fr 15-23 Uhr, Sa, So 10-23 Uhr.

✳ **Aussichtsturm auf der Achalm**, ☎ 303-2622 od. 337600

✳ **Käpfle**, ☎ 303-2622 od. 337600

✳ **Roßberg-Turm**, ☎ 303-2622 od. 337600

🌲 **Damwildgehege Erholungsgebiet Markwasen**, ☎ 337600 od. 303-2622.

🌲 **Weingarten** Am Südhang der Achalm, ☎ 303-2488. Die städt. Anlage erinnert an den ehemals bedeutenden Weinbau.

🌲 **Erholungspark Markwasen & Erholungsgebiet Jungviehweide**, ☎ 337600, Waldlehrpfad, Grillplätze, Rundwanderwege.

🌲 **Erholungsgebiet Roßbergwiesen & Wiesatztal**, Ot. Gönningen, ☎ 07072/7026

💧 **Wellenfreibad Markwasen**, Hermann-Hesse-Str. 40, ☎ 582-3792, ÖZ: ganzjährig, Mai-Aug., tägl. 6-21 Uhr, Sept. 7-20 Uhr, Wellenbad, Riesenrutsche, Sprungturmanlage.

💧 **Hallenbad**, Albstr. 19, ☎ 582-3791, ÖZ: Mo 6.30-7.30 u. 17-18 Uhr, Di-Sa 10-22 Uhr, So/Fei 8-20 Uhr.

🚲 **Transvelo Fahrräder GmbH**, Kaiserstr. 52, ☎ 470726

🚲 **Fahrrad-Sauer**, Steinachstr. 46-50, ☎ 9505-0

🚲 **Fahrrad Kilian**, Friedrich-Naumann-Str. 51, ☎ 338925

Weiter auf der Hauptroute geht es an der Landstraße nach links Richtung Würtingen — nach ca. 400 Metern nach rechts Richtung Oberer Lindenhof von der Landstraße abzweigen — weiter auf einem asphaltierten Wirtschaftsweg leicht bergab — dem asphaltierten Weg über die nächsten Kreuzungen hinweg geradeaus folgen, unter der Hochspannungsleitung durch — an der Kreuzung am sogenannten ‚Spaßmacherbaum' weiter geradeaus Richtung Lonsingen, ebenso an der Kreuzung mit der Kreisstraße geradeaus — an der Vorfahrtsstraße rechts auf den straßenbegleitenden Wirtschaftsweg und auf diesem über die nächste Vorfahrtsstraße (Einmündung

Kreisstraße), der Beschilderung R13 Richtung Lonsingen folgen.

An der Viererkreuzung nach einer kurzen Steigung nach rechts abbiegen, unter der Hochspannungsleitung durch ~ der Belag wechselt am Waldrand zu Schotter ~ dem Weg geradeaus in das Lonsinger Tal folgen.

An einer V-förmigen Verzweigung links halten, am Waldrand entlang auf dem **Königsweg** in das Degental ~ an einer Viererkreuzung im Wald rechts bergauf in das **Ofenhauser Steigle** abbiegen ~ an der nächsten Kreuzung geradeaus, weiter bergan auf schlechter werdender Oberfläche bis zum Erreichen der Höhe ~ hier weiter geradeaus zum Wald hinaus und bergab bis zum Landhotel.

Am Landhotel vorbei, ab hier wieder asphaltiert auf der **Gächinger Straße** ~ beim Vorfahrt achten an der Landstraße links und 200 Meter weiter nach rechts über eine Brücke zum Gestütsmuseum Offenhausen.

Offenhausen
PLZ: 72532; Vorwahl: 07385

🛈 Tourist-Information Gomadingen, Marktpl. 2, ✆ 9696-33

🏛 **Gestütsmuseum Kloster Offenhausen**, Ot. Offenhausen, ✆ 884, ÖZ: Mai-Okt. Di-Fr 14-17 Uhr, Sa 13-17 Uhr, So/Fei 10-12 Uhr und 13-17 Uhr. Das Museum in der einstigen Klosterkirche informiert über die Geschichte des Haupt- und Landgestüt Marbach und zeigt seltene Exponate wie Kutschen, Geschirre und wertvolle Sättel.

🏛 ehem. **Dominikanerinnen-Kloster**, Ot. Offenhausen. Zu sehen ist die spätgotische Klosterkirche, das Museum und der Klostergarten mit der Lauterquelle. Infos: ✆ 9696-33

Hier kann das Dominikanerinnenkloster aus dem Jahre 1258 besichtigt werden.

Von Offenhausen nach Trochtelfingen   18,5 km

Links um den Gestütsgasthof herum, gleich bergauf ~ an der Verzweigung rechts fahren Richtung Meidelstetten, Hettingen weiter bergan ~ nach dem Waldrand die Kreisstraße geradeaus zum Wanderparkplatz hin überqueren.

Tipp: Hier Rastmöglichkeit mit Sitzbänken und Übersichtskarte der Region.

Tipp: Nach links führt die Kreisstraße nach Gomadingen.

Gomadingen
PLZ: 72532; Vorwahl: 07385

🛈 **Tourist-Information**, Marktpl. 2, ✆ 9696-33

🏛 **Felix-Hollenberg-Galerie**, Marktpl. 2, ✆ 9696-33, ÖZ: ganzjährig, Mo-Do 8-12 und 13.30-17 Uhr, Fr 8-12 Uhr, Ausstellung mit Bildern des Landschaftsmalers Felix Hollenberg (1868-1945).

🏛 **Landwirtschaftliche Ausstellung**, Marktpl. 2, ✆ 9696-33, ÖZ: Mo-Do 8-12 Uhr u. 13.30-17 Uhr, Fr 8-12 Uhr, Sammlung landwirtschaftlicher Geräte aus alter Zeit und Darstellungen zu Arbeitsprozessen 'Vom Korn zum Brot' und 'Vom Flachs zum Leinen'.

🏛 **Gedenkstätte Schloss Grafeneck**, Ot. Wasserstetten. Während des 3. Reichs war Schloss Grafenecke eine Stätte der Euthanasie.

Heute betreibt die Samariterstiftung hier eine Behinderteneinrichtung.

- **Ruine Blankenstein**, Ot. Wasserstetten, ✆ 9696-33. Die Ruine mit dem Bergfried aus dem 12. Jh. liegt an einem Hang des Brunnentals.
- **Baden-Württembergisches Haupt- und Landgestüt Marbach**, Ot. Marbach, ✆ 9695-0, ÖZ: tägl. 8-12 Uhr u. 13-17 Uhr. Hier werden württembergische Warmblutpferde, Schwarzwälder und Süddeutsches Kaltblut, Haflinger und arabische Vollblutpferde gezüchtet.
- Der **Gomadinger Planetenweg** ist 9,8 Kilometer lang und stellt das Sonnensystem mit seinen 9 Planeten im Maßstab 1:1 Milliarde dar.
- **Sternberg-Hallenbad**, Ödenwaldstetter Str., ✆ 526, ÖZ: Di-Fr 7-8 Uhr u. 15-21 Uhr, Sa/So/Fei 7-8.30 Uhr u. 14-19 Uhr.
- **Fa. Theß**, Bahnhofstr. 2, ✆ 1517 od. 0712/1960530.
- **Sternbergturm** (844 m), ✆ 9696-33

Gomadingen liegt inmitten sanfter Hügel der Kuppelalb umgeben von Buchenwäldern, Wachholderheiden und flächigem Weideland im Tal der Großen Lauter. Die Große Lauter entspringt im Ortsteil Offenhausen aus einem Karst-Quelltopf umschlossen von alten Klostermauern. Charakteristisch für die Kultur-

Lauterquelle

landschaft sind die sogenannten Weidbäume, einzeln stehende Eichen, Buchen und Eschen mit ausladenden Kronen und tief hängenden Ästen. Hier treffen Sie auf Schäfer mit ihren Schafherden und immer wieder auf die Hengst- und Stutenherden des Haupt- und Landgestüts Marbach. Das Gestüt Marbach ist das älteste staatliche Gestüt Deutschlands. Zum Gestüt gehören neben dem Hauptgestüt Marbach auch Gestütshöfe in Offenhausen und St. Johann. Rund 380 Pferde gehören zum Bestand. Die Stuten und Fohlen werden ihren Altersgruppen entsprechend auf weitläufigen Pferdekoppeln in verschiedenen Herden gehalten. Zu den Attraktionen des Gestüts gehören die jährlich im Februar stattfindenden Auktionen, auf denen die jungen Reitpferde verkauft werden, und die Hengstparaden im Herbst. Zum Gestüt gehören 850 Hektar landwirtschaftliche Nutzfläche. Diese dient der Versorgung der Pferde mit Futter und der Herstellung von Saatgut für den Ackerbau. Das Gestüt besitzt auch eine Schäferei mit 400 Mutterschafen der Rasse Merinolandschaf. Besucher sind jederzeit willkommen.

Am Wanderparkplatz vorbei geradeaus der Beschilderung Öko-Regiotour folgen — an der folgenden Gabelung rechts am Waldrand entlang bleiben — an der nächsten Verzweigung links halten, jetzt vom Waldrand weg bis zu einer schönen Schutzhütte mit Grillstelle in einer Baumgruppe — hier rechts dem noch asphaltierten Weg folgen — der Belag wechselt am Waldrand zu Schotter — an der Kreuzung mit der Kreisstraße geradeaus, weiter im Wald dem geschotterten Wirtschaftsweg folgen — am Waldrand geradeaus bleiben, jetzt wieder auf Asphalt bis zur Bundesstraße B 312.

Die Bundesstraße auf die andere Seite vor-

11

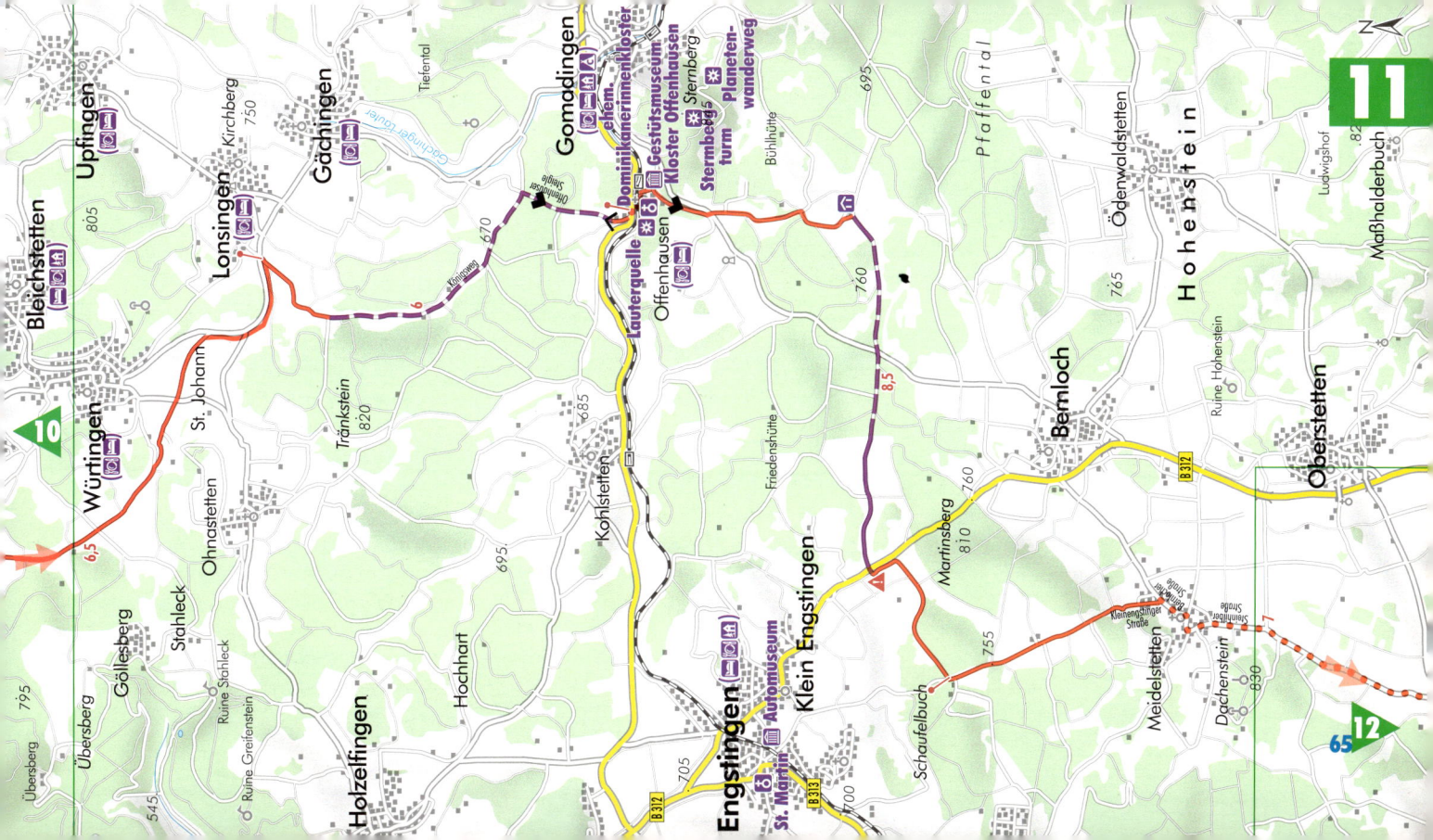

Orte und Gebiete

Bleichstetten · **Upfingen** · **Württingen** · **Lonsingen** · **Gächingen** · **Gomadingen** · **Offenhausen** · **Hohenstein** · **Ödenwaldstetten** · **Bernloch** · **Oberstetten** · **Meidelstetten** · **Dächenstein** · **Klein Engstingen** · **Engstingen** · **Holzelfingen** · **Kohlstetten**

Beschriftungen auf der Karte

- Kirchberg 750
- Tiefental
- Gächinger Täuter
- ehem. Dominikanerinnenkloster
- Gestütsmuseum
- Kloster Offenhausen
- Sternberg
- Sternbergturm
- Planetenwanderweg
- Pfaffental
- Maßhalderbuch
- Ludwigshof
- 805
- Öhrnhäuser Steigle
- Lauterquelle
- Königsweg
- 670
- 695
- 760
- 765
- .82
- St. Johann
- Tränkstein 820
- Bühlhütte
- Ohnastetten
- 685
- Ruine Hohenstein
- Stahleck
- Göllesberg
- Ruine Stahleck
- Ruine Greifenstein
- Übersberg 795
- 545
- Hochhart
- 695
- Friedenshütte
- Martinsberg 810
- 760
- B 312
- Kleinengstinger Straße
- Sternbhof. Straße
- Automuseum
- 755
- Schaufelbuch
- 830
- St. Martin
- B 313
- 705
- 700
- B 312
- 65
- 12
- 10
- 6,5
- 6
- 8
- 8,5
- 1

N

sichtig überqueren zu dem hier parallel verlaufenden Wirtschaftsweg und nach links darauf einbiegen ▬ nach nur rund 200 Metern wieder rechts abzweigen ▬ an der Dreierkreuzung rechts auf den Waldrand zufahren, ein Stück am Waldrand entlang und im Linksbogen in den Wald ▬ an der folgenden Kreuzung links bergan auf die kleine, wenig befahrene Straße abzweigen.

An dieser Stelle können Sie nach rechts dem Ort Engstingen einen Besuch abstatten.

Engstingen
PLZ: 72829; Vorwahl: 07129
- **Gemeindeverwaltung**, Kirchstr. 6, ✆ 9399-10
- **Automuseum**, Kleinengstinger Str. 2, Ot. Großengstingen, ✆ 7387, ÖZ: März-Nov., Di-So 10-17 Uhr. Neben Fahrzeugen von den Anfängen bis ins 20. Jahrhundert sind auch Motorräder sowie Fahrzeuge des Afrika-Corps zu sehen.
- Die Barockkirche **St. Martin** wurde 1719 von Franz Beer erbaut. Ot. Großengstingen.
- **Sonnenbühler Höhlen**, Ot. Sonnenbühl-Erpfingen, ✆ 07128/ 682, 605, 925-18, ÖZ: April-Okt., tägl. 9-17.30 Uhr, Führungen. Die Bärenhöhle ist auf 271 Metern begehbar.

Der kleinen Straße bis in die Gemeinde Meidelstetten folgen ▬ auf der Ortsdurchgangsstraße, der **Kleinengstinger Straße**, bis zur Vorfahrtsstraße fahren ▬ hier rechts Richtung Steinhilben in die **Bernlocher Straße**.

Meidelstetten
Vorbei an der Kirche in die Hauptstraße und weiter in die **Steinhilber Straße** den Ort auf der Kreisstraße Richtung Steinhilben verlassen ▬ an der folgenden Kreuzung weiter auf der Kreisstraße nach rechts Richtung Steinhilben, Trochtelfingen ▬ die Straße steigt an und erreicht den Ort Steinhilben.

Steinhilben
Auf der Oberstetter Straße durch den Ort ▬ nach einer kleinen Kirche weiter auf der Gammertinger Straße ▬ Richtung Trochtelfingen den Ort verlassen, wieder auf der mäßig befahrenen Kreisstraße ▬ bergab in den Ort Trochtelfingen ▬ geradeaus bleiben, unter der Brücke durch ▬ über den Bahnübergang der Marktstraße folgen ▬ der kleine Ort hat ein sehenswertes Zentrum.

Trochtelfingen
PLZ: 72818; Vorwahl: 07124
- **Verkehrsamt**, Rathauspl. 9, ✆ 48-21
- **Kirche St. Martin** (12. Jh.). Die Kirche wurde 1501 zur Stiftskirche erhoben. Sehenswert ist die Innenausstattung, zu der die drei trauernden Frauen des Trochtelfinger Meisters aus der Zeit um 1430, Deckenmalereien und Fresken sowie der Orgelprospekt in Schreinergotik aus dem Jahr 1869 gehören.
- **Schloss Trochtelfingen**. Seit 1869 befindet sich das Schloss im Besitz der Stadt, die es seitdem als Schulgebäude nutzt. Hoch vom „Türmle" erklang das „Lumpaglöckchen", das mit seinem Geläut in später Stunde die Lumpen, die lange in den Wirtshäusern saßen, gemahnte, nach Hause zu gehen.
- Die wunderschöne **Altstadt** mit dem Rathaus am Rathausplatz mit dem neuen Brunnen, den historischen Bürgerhäusern aus

Fachwerk (alemannisches und fränkisches Fachwerk aus dem 17. Jh. und aus der Zeit nach dem Stadtbrand 1726), dem Stadtbrunnen, der einst die Bürger mit Wasser versorgte und den Resten der Stadtbefestigung mit dem Hohen Turm stehen unter Denkmalschutz. Info-Tafeln (kurz: I-T) aus Bronze-Guss an den Häusern geben Auskunft über die Geschichte der Gebäude. Ein Stadtrundgang und ein

- **Untere Mühle**, Seckachtal
- **Augstbergturm** (878 m), Ot. Steinhilben, ✆ 4821

Von Trochtelfingen nach Veringenstadt 20,5 km

Es geht ein Stück durch die Innenstadt, dann nach links Richtung Sigmaringen in die Straße **Am Hohen Turm** ∼ vorbei an einem markanten Turm, über die Bahngleise und gleich darauf nach rechts auf einen Radweg entlang der Bahngleise Richtung Mägerkingen ∼ entlang der Gleise bis in den Ort Mägerkingen.

Mägerkingen
PLZ: 72818; Vorwahl: 07124

- **Verkehrsamt Trochtelfingen**, Rathauspl. 9, ✆ 48-21
- **Erholungsanlage Lauchertsee**

Auf dem **Gayerweg** unter den Bahngleisen durch und weiter auf der **Linkstraße** durch den

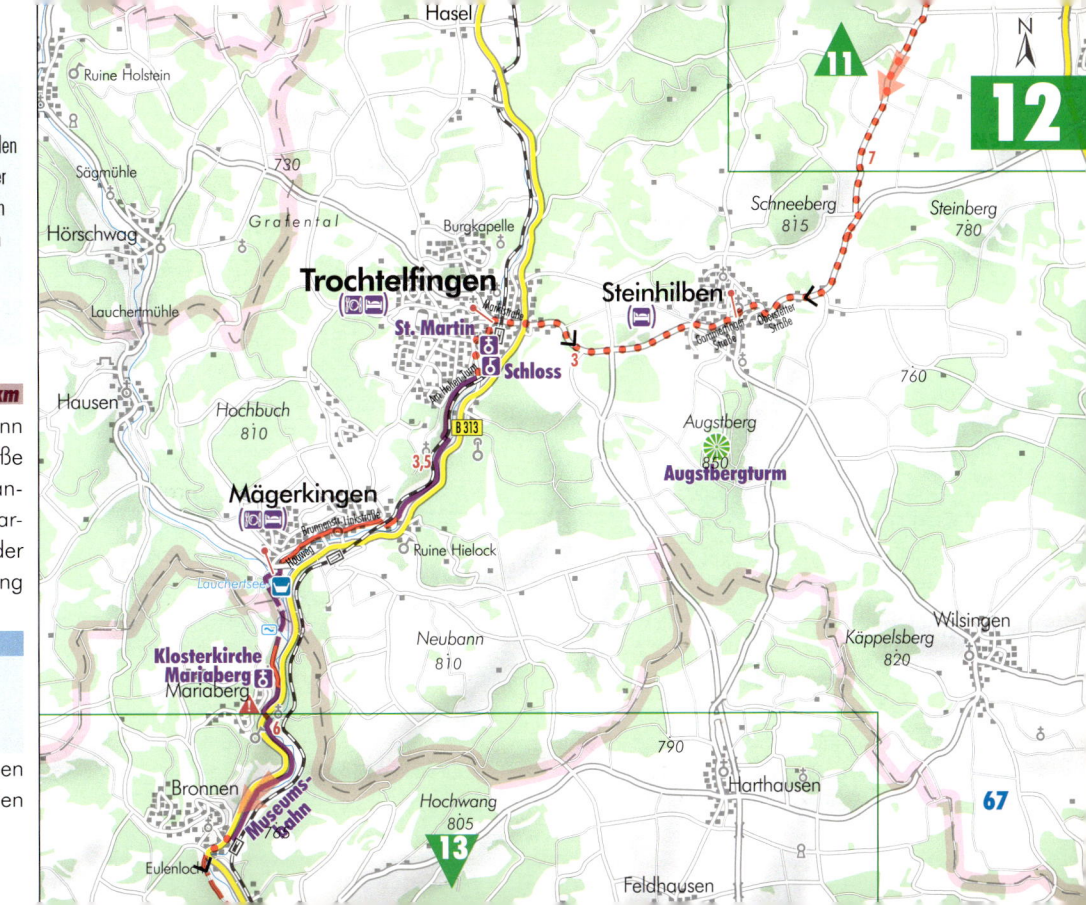

Ort an der Vorfahrtsstraße bei der Kirche rechts in die **Brunnenstraße**, Beschilderung R5 weiter an der Einmündung halblinks in den **Hauweg** und unter der Landstraße durch, vorbei an einer Schranke zum Lauchertsee.

Lauchertsee

Vorbei am Kiosk rechts um den See herum Richtung Mariaberg an der folgenden Verzweigung den Asphaltweg nach links auf einen Schotterweg verlassen vorbei an einer Grillstelle am Ende des Sees. hier rechts in das Tal der Lauchert, weiter auf einem schmalen Schotterweg.

Der Belag wechselt kurz zu Asphalt, dann wieder geschottert, vorbei an der Kläranlage der Weg geht nach der Kläranlage in eine schmale asphaltierte Straße über, die zur Bundesstraße hinführt an der Einmündung rechts, talabwärts auf dem rechtsseitigen geschotterten Radweg entlang der Straße bis zu einer Bushaltestelle hier, an der Auffahrt zu Mariaberg, einem ehemaligen Kloster, die Bundesstraße vorsichtig zum jetzt linksseitig talabwärts verlaufenden Rad- und Fußweg überqueren.

Mariaberg

- Klosterkirche Mariaberg
- Aussichtswarte **Neuban**

Der Weg mündet beim Ort Bronnen auf die Bundesstraße B 313.

Bronnen

Kurz vor der Brücke nach rechts auf einen bald nur noch geschotterten Waldwirtschaftsweg abzweigen der Weg erreicht bei einer Strickwarenfirma den Ort Gammertingen an der ersten Verzweigung links halten auf einen Schotterweg und weiter unter der Unterführung durch vorbei an Schrebergärten dem Weg bis zu einem Parkplatz folgen hier wenige Meter halbrechts und vor dem Haus Nr. 12 links auf eine kleine Straße abbiegen nach einer kurzen, steilen Rampe – nicht durch die Unterführung fahren – erreicht man neben einer Flaschnerei eine Straße nahe dem Ortszentrum.

Gammertingen

PLZ: 72501; Vorwahl: 07574

- **Bürgermeisteramt**, Hohenzollernstr. 5, ✆ 406-0
- Klassizistische Kirche **St. Leodegar**
- St. Michaelskapelle
- Schollenkapelle
- Im ehemaligen **Speth'sches Schloss** befindet sich heute das Rathaus von Gammertingen.
- Ruine Baldenstein „Altes Schloss"
- Gräber aus der Bronzezeit
- Mittelalterliche Stadtanlage
- Ehem. Amtsgericht
- Altes Oberamt
- Teufelstorfelsen
- Alb-Lauchert-Schwimmhalle, Josef-Wiest-Str. 3, ✆ 1816,

Kneippbad

ÖZ: Di-Fr 15.30-20.45 Uhr, Sa/So/Fei 8-18 Uhr.

❊ **Aussichtspunkt Wendelstein**

Für die Weiterfahrt hier nach rechts abbiegen und sofort nach links auf die Abbiegespur einordnen ↝ links ↝ dann nur wenige Meter auf der **Alten Steige** bleiben, aber nicht bergan, sondern gleich wieder nach rechts in den **Römerweg** abbiegen ↝ vorbei an der Feuerwehr durch ein Wohngebiet ↝ der Römerweg geht in seinem weiteren Verlauf in die **Breite Straße** über ↝ an der Vorfahrtsstraße links halten, der Fahrradbeschilderung ‚Lauchert 1' folgen.

⚠ Über die Ampel und die Brücke und unmittelbar danach nach rechts von der Straße weg in einen kleinen Weg (unübersichtliche Stelle) abzweigen ↝ vorbei an der Kläranlage entlang der Lauchert ↝ parallel zur Bundesstraße B 32 auf einem breiten Rad- und Fußweg ↝ am Ende des Parkplatzes nach rechts über die Brücke Richtung Müllumladestation abbiegen ↝ auf der anderen Seite des Baches gleich wieder nach links der Fahrradbeschilderung Lauchert 1 auf dem Rad- und Fußweg weiter dem Talverlauf folgen.

Der Weg führt nach kurzem Auf und Ab entlang der Bahngleise, wechselt von der rechten auf die linke Seite der Gleise und bleibt weiter entlang der Bahnlinie bis zum Bahntunnel ↝ der Radweg umfährt hier von den Gleisen weg in einem weiten Bogen den Berg und erreicht bei einem Firmenparkplatz den Ort Hettingen.

Rechts an der Firma vorbei bis zur Einmündung in die **Berthold-Leibinger-Straße** ↝ hier links, wenige Meter entlang der Bahnlinie ↝ dann gleich nach links ↝ wenige Meter weiter nach rechts in die **Breitestraße** abbiegen ↝ an der Kreuzung mit der Straße Am Lustgarten geradeaus weiter der **Breitestraße** folgen.

Hettingen

PLZ: 72513; Vorwahl: 07574

ℹ Bürgermeisteramt, Schloss, ✆ 9310-0

🏛 **Puppenmuseum**, Im Tal 14, ✆ 9339-0, ÖZ: ganzjährig, Di-Fr 10-16 Uhr, März-Nov., zusätzlich 1. u. 3. Sa/So im Monat 10-16 Uhr, Adventszeit, Di-So 10-16 Uhr. Auf zwei Etagen werden Puppen, Marionetten, Puppenwagen und andere Miniaturen sowie Puppenstuben und Krämerläden gezeigt.

⛪ Gotische **Kirche St. Martin**
⛪ **Sebastiankapelle**
⛪ **Marienkapelle**

- **Hettinger Schloss** (12. Jh.). Hier ist das Bürgermeisteramt untergebracht.
- Zwischen Hettingen und Gammertingen vom **Kachelfels** und vom **Teufelstorfelsen** schöne Aussicht auf das Tal der Lauchert. An der Vorfahrtsstelle halblinks in die **Bahnhofstraße** – vorbei an der Kirche – an der Kreuzung mit der **Hauptstraße** nach rechts

Tipp: Hier links haltend erreicht man das Puppenmuseum.

An der Kreuzung mit der Straße **Wiesental** rechts – bei der Brücke links in die **Stollbeckstraße** – über die Brücke und die Bahnlinie auf einer kleinen Straße parallel zur Bahn auf einem bald nur noch geschotterten Weg in ein Landschaftsschutzgebiet – der Weg überquert die Bahnlinie und verläuft jetzt zwischen Bahnlinie und der Lauchert – vor dem kleinen Ort Hermentingen (Gasthaus) wechselt der Belag zu Asphalt – an der ersten Kreuzung neben einer Brücke nach rechts fahren, über die Bahnlinie, dann nach links in die **Ortsstraße** abbiegen – unterhalb der Kirche vorbei.

Teufelstorfelsen

Hermentingen

- **Gallus-Quelle.** Die Gallusquelle ist eine der größten Quellen Hohenzollerns mit einer Wasserschüttung von bis zu 2.000 Litern in der Sekunde.

An der Verzweigung links halten Richtung Veringenstadt, vorbei an der Gallusquelle – dem hier beginnenden **Quellenweg** folgen – an der folgenden Kreuzung geradeaus halten – der Belag wechselt gleich danach zu Schotter, der Weg verläuft in Sichtweite zur Bahnlinie weiter Lauchertabwärts vorbei an schönen Picknickplätzen direkt am Bach – an einer Engstelle geht es unter der Bahnlinie durch – der Weg erreicht die ersten Gebäude von Veringenstadt – hier wechselt der Belag wieder zu Asphalt – geradeaus an der Lauchert entlang – nach links in die **Deutstetter Straße** abbiegen – unter der Straßenunterführung durch der Vorfahrtsstraße Richtung Stadtmitte folgen.

Veringenstadt

PLZ: 72519; Vorwahl: 07577

- Bürgermeisteramt, ✆ 930-0
- Das **Heimatmuseum** befindet sich im Rathaus (1415). Es dokumentiert mittels zahlreicher Exponate die Zeit der Hexenverfolgungen in Süddeutschland.
- Die Kirche **St. Nikolaus** beeindruckt mit den gotischen Fresken und dem romanischen Kruzifix.
- Wallfahrtskirche **Maria Deutstetten**.
- **Veringer Burgruine** mit Peterskapelle
- Das **Rathaus** ist das älteste Hohenzollern-Rathaus (1415).
- **Strübhaus – Haus der Malkunst.** Das Haus wurde um 1500 erbaut.
- Der **heimatgeschichtliche Rundweg** führt an den Bonerzgruben vorbei.
- Südwestlich von Veringenstadt liegen die vier **Veringstädter**

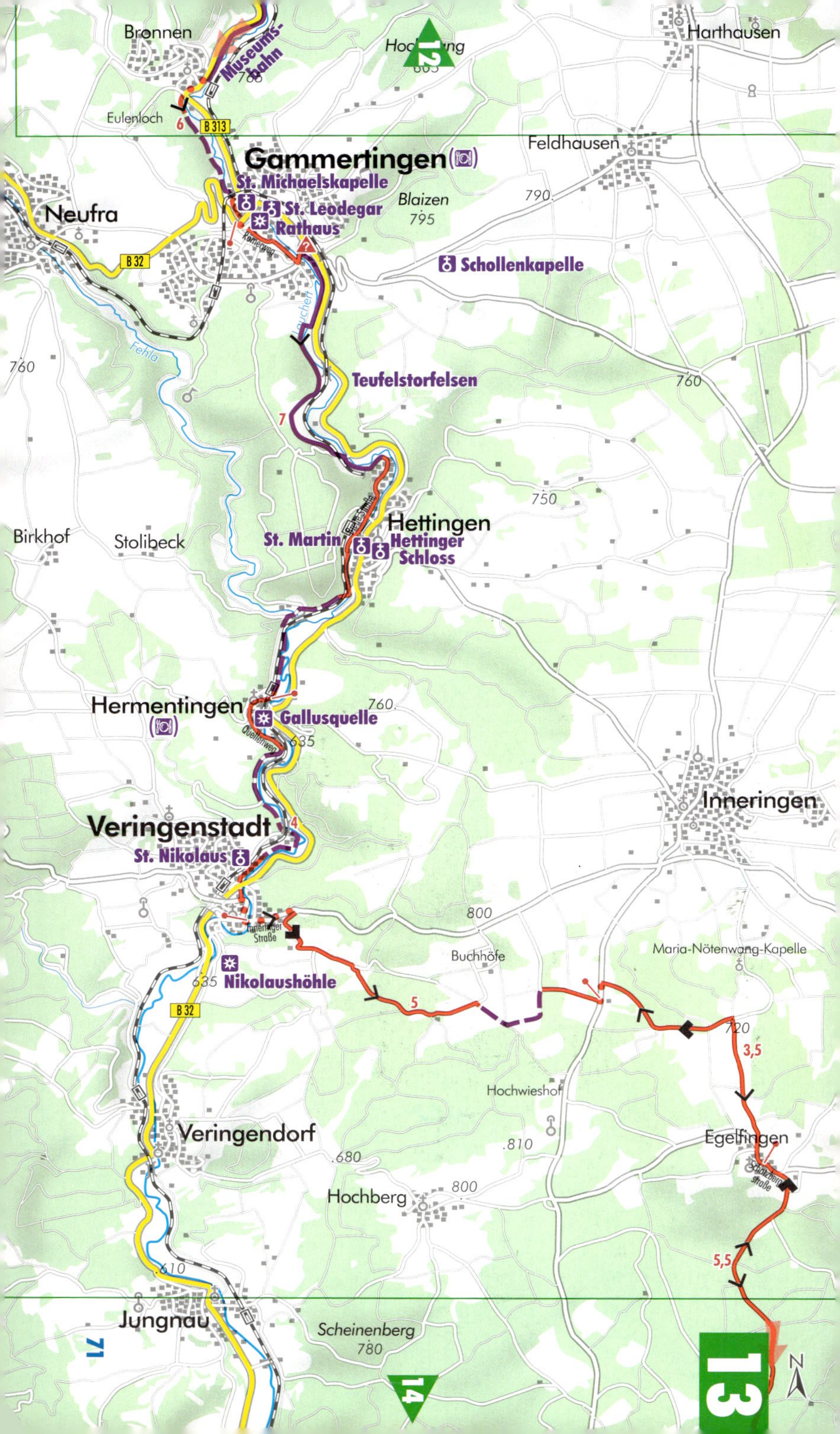

13
12
14
Bronnen
Museums-bahn
Hochberg
865
788
Eulenloch
6
B 313
Harthausen
Feldhausen
Gammertingen
St. Michaelskapelle
St. Leodegar
Rathaus
Blaizen
795
790
Neufra
Römerweg
B 32
Schollenkapelle
Laucherl
Fehla
760
Teufelstorfelsen
7
760
750
Hettingen
St. Martin
Hettinger Schloss
Birkhof
Stolibeck
Hermentingen
Gallusquelle
760
635
Quellenweg
Inneringen
Veringenstadt
4
St. Nikolaus
Inneringer Straße
800
Buchhöfe
Maria-Nötenwang-Kapelle
635
Nikolaushöhle
5
B 32
720
3,5
Hochwieshof
Veringendorf
680
810
Egelfingen
Schulzenberg Straße
Hochberg
800
5,5
610
Jungnau
Scheinenberg
780
N

Höhlen, wie z.B. die Göpfelsteinhöhle und die Nikolaushöhle. Die ältesten Höhlenfunde stammen aus der Zeit um 400.000 bis 600.000 Jahre vor Christus.

✱ Die **Steinskulptur eines Frühmenschen** nahe der Göpfelsteinhöhle erinnert daran, dass im Laucherttal auch Neandertaler lebten.

Von Veringenstadt nach Sigmaringen   25,5 km

An der Inneringer Straße bei der Sparkasse nach links Richtung Schulzentrum → über die Brücke zum Ort hinaus → gleich nach der Tankstelle nach rechts Richtung Wanderparkplatz abbiegen, steil bergauf mit schöner Aussicht zurück auf den Ort → in der Linksserpentine weiter bergauf bis die Steigung schließlich verflacht → entlang der Stromleitung → an der Verzweigung rechts halten, Wanderbeschilderung Richtung Egelfingen → ein Stück auf einem heimatgeschichtlichen Rundweg.

Der Weg steigt wieder leicht an und führt in den Wald → weiter dem asphaltierten Weg folgen → an der Dreierkreuzung bei der sehr schönen Schutzhütte **Veringerhütte** mit Grillplatz links zum Parkplatz hin abzweigen Richtung Langenenzlingen → an der folgenden Viererkreuzung nach rechts in den Schotterweg → an der nächsten Kreuzung halblinks auf einen Weg mit breitem Grasmittelstreifen → auf einen Hochsitz zu → am Waldrand nach links → an einer Viererkreuzung rechts abbiegen, jetzt auf Asphaltbelag und an einem Zaun entlang → der Belag wechselt zu Betonplatten → an der Kreisstraße links Richtung Langenenzlingen.

Nach ca. 200 Metern nach rechts auf einen asphaltierten Wirtschaftsweg abbiegen → im Auf und Ab durch ein Waldstück → geradeaus bleiben, am Waldrand entlang weiter, jetzt steil bergab → an einer Viererkreuzung von drei asphaltierten und einem geschotterten Weg nach rechts abzweigen Richtung Egelfingen → weiter auf einem bald ansteigenden Betonplattenweg → kurz vor dem Ort Egelfingen wechselt der Belag zu Asphalt → an der Vorfahrtsstraße im Ort links in die Gemeinde hinein abzweigen.

Egelfingen

Der **Schatzbergstraße** und der Fahrradbeschilderung Lauchert 4 durch den Ort folgen → die Straße fällt am Ortsausgang ab → nach rechts Richtung Bingen → steil bergab auf einer nur wenig befahrenen schmalen Straße → wieder bergauf und bei einem Steinkreuz in den Wald → durch den Wald, mehrfach wechseln Steigung und Gefälle → an einer T-Kreuzung bei drei auffälligen Holzkreuzen rechts bergab Richtung Sigmaringendorf nach Bingen → der **Egelfinger Straße** in den Ort geradeaus folgen → an der Kreuzung links in die **Römerstraße** abzweigen und zur Vorfahrtsstraße.

Bingen

PLZ: 72511; Vorwahl: 07571

🛈 **Bürgermeisteramt**, Hauptstr. 21, ✆ 7407-0

🛈 Kirche Mariä Himmelfahrt

- 🕆 **Schlosskapelle** bei der Burgruine
- 🕆 **Bittelschießer Kapelle**
- 🕆 **Eulogiuskapelle**
- 🕆 **Wolfgangkapelle**, Ot. Hitzkofen
- ⚔ **Ruine Hornstein**, ✆ 684711 od. 13171, Stockbrot backen, alte Kinderspiele, Einführung in die Waffenkunde. Die Ruine Hornstein dient zahlreichen Veranstaltungen als Kulisse, beispielsweise Ritterturniere, bei denen Darsteller in historischen Gewändern Sie in jene Ritterzeit versetzen als noch mit der Armbrust geschossen wurde. Kinder können alte Kinderspiele kennenlernen. Und es wird Stockbrot gebacken.

An der Vorfahrtsstraße links nach Sigmaringendorf ~ über die Bahngleise und auf dem parallel zur Straße verlaufenden Radweg ~ später erneut über die Bahnlinie bis in den Ort Hitzkofen ~ an der ersten Kreuzung rechts der Vorfahrtsstraße folgen.

Hitzkofen

Gleich nach dem Brunnen vor der kleinen Kapelle nach rechts über die Brücke in die Straße **Eichenberg** ~ unmittelbar vor den Gleisen nach links auf den geschotterten Weg abzweigen ~ entlang der Bahnlinie ~ der Weg überquert die Gleise nach rechts und folgt diesen durch das in diesem Bereich landschaftlich beeindruckende Laucherttal.

Das Laucherttal

Von der Donau geht es entlang der Lauchert weiter Richtung Norden. Das wildromantische Bittelschießer Täle nahe Bingen besitzt einen faszinierenden schluchtartigen Charakter. Die Lauchert schlängelt sich in zahllosen Schleifen durch die hügelige Landschaft der Schwäbischen Alb. Schroffe Feldwände, ausgedehnte Wiesen, und flache Hänge wechseln sich ab. Das Tal der Fehla, ein Nebenfluss der Lauchert, gehört zu den schönsten Tälern des Laucherttals. Die Fehla fließt ruhig in zahllosen Mäandern durch das stille und abgeschiedene Tal.

An einer T-Kreuzung vor einem hohen Zaun nach links über die Bahnlinie, über die Lauchert und bis zur Einmündung in die Landstraße — hier rechts ab Richtung Sigmaringendorf und auf der **Hitzkofer Straße** in den Ort Laucherthal — in einer Kurve nach links in die **Meinradstraße**, kurz ansteigend, dann flach vorbei am Spielplatz und einer Kirche.

Laucherthal

Hier wechselt der Belag zu Schotter und der Weg verläuft als Waldlehrpfad im Wald bis zum Ort Sigmaringendorf — geradeaus auf der **Walkestraße** — an der Vorfahrtsstraße nach rechts zum Bahnübergang hin abzweigen.

Sigmaringendorf

PLZ: 72517; Vorwahl: 07571

🛈 Bürgermeisteramt, ✆ 73050

⛪ Bruckkapelle

Auf der Hauptstraße vorbei an der Kirche und über die Lauchert — kurz danach nach links in die **Krauchenwieser Straße**, auch ausgeschildert mit Naturtheater, Waldbühne — über die Donau und vor der kleinen Kapelle nach rechts in die **Donaustraße** abzweigen — geradeaus — durch die Absperrungen für Kfz den Ort Richtung Sigmaringen verlassen.

Tipp: Auf den folgenden 4 Kilometern sind vor allem an Wochenenden viele Fußgänger anzutreffen. Bitte Rücksicht nehmen.

Der asphaltierte Weg führt in den Wald, unmittelbar an der Donau entlang — kurz nach der Kläranlage erreicht der Weg die ersten Häuser

Laucherttal

Schloss Sigmaringen

von Sigmaringen.

Der **Badstraße** folgen bis zu einer markanten Kirche ~ hier geradeaus in die Straße **Allee** und in einer Rechtskurve wieder zur Donau hin ~ weiter unmittelbar neben dem Fluss auf einem Rad- und Fußweg donauaufwärts fahren.

Bald kommt das imposante Sigmaringer Schloss in Sicht ~ unter mehreren Brücken durch bis der Radweg in eine Straße mündet ~ diese zur anderen Seite hin überqueren ~ am Parkplatz rechts auf den geschotterten Weg fahren und weiter entlang der Donau vorbei am Eingang zum **Campingplatz**.

Tipp: Wer zur historischen Altstadt, zum Schloss oder nur Einkaufen möchte sollte am Eingang zum Campingplatz links fahren. Wenige hundert Meter weiter finden sich verschiedene Einkaufsmöglichkeiten.

Sigmaringen
PLZ: 72488; Vorwahl: 07571

- Tourist Info, Schwabstr. 1, ✆ 106-223
- **Fürstl. Hohenzollernsche Sammlungen**, Schloss, ✆ 729230, ÖZ: Mai-Okt., Mo-So 9-16.45 Uhr.
- **Museum Schwäbischer Kunst**, Besichtigung für Gruppen n.V.

Themen: Kunst des 15./16. Jh., Sammlung zur Ur- und Frühgeschichte.
- **Marstallmuseum**
- **Heimatmuseum**, Wehrturm, ÖZ: ganzjährig, Mi, Sa/So 10-12 Uhr u. 14-17 Uhr.
- **Freibad**

Das fürstlich-hohenzollerische Schloss Sigmaringen, das auf einem Felsen über der Donau thront, geht auf eine Burg der Grafen von Werdenberg aus dem 11. Jahrhundert zurück. Nach einem verheerenden Brand im Jahr 1893 wurde es in Teilen von Emanuel von Seidl im Auftrag der Fürsten von Hohenzollern in seiner heutigen Gestalt neu aufgebaut.

Tipp: Sigmaringen liegt am Donau-Radweg. Genauere Informationen entnehmen Sie dem *bikeline*-Radtourenbuch Donau-Radweg 1.

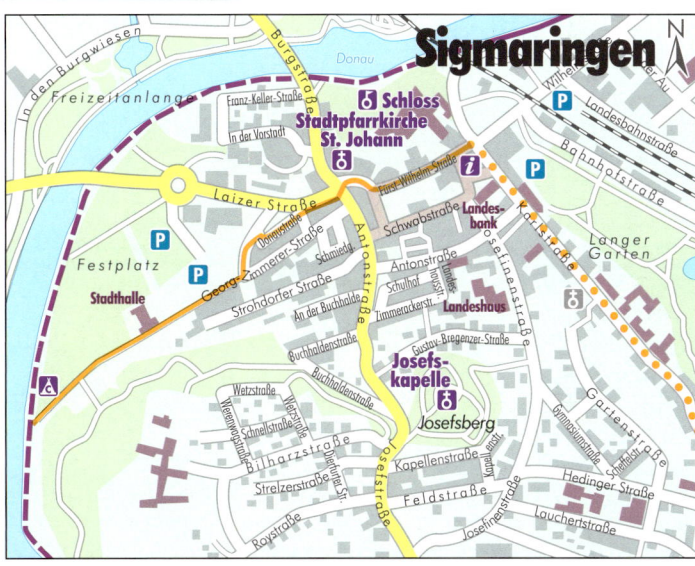

Von Sigmaringen zum Bodensee

47,5 km

Nach einem Besuch des Schlosses der Fürsten von Hohenzollern-Sigmaringen, das erhaben auf einem Weißjurafelsen thront, fahren Sie weiter entlang der Donau nach Inzigkofen. Die Donau zeigt sich hier bei Inzigkofen in ihrem idyllischsten Kleid. Nächstes Ziel ist dann das mittelalterliche Messkirch mit dem sehenswerten Schloss und spannenden Museen. Ganz reizvoll präsentiert sich nun die sanfthügelige Landschaft oberhalb des Bodensees. Etwas abseits der Route liegt das interessante Städtchen Stockach, dann geht's hinunter zum Bodensee, dem krönenden Ziel Ihrer Radreise. Die weite, ruhige Wasserfläche und das milde Klima laden so richtig zum Verweilen und Seele baumeln lassen ein.

Ruhige Landstraßen, Radwege, meist autofreie Wirtschaftswege und unbefestigte Feld- und Waldwege wechseln sich auf diesem Teilstück immer wieder ab. Steigungs- und Gefällestrecken gibt es nun weniger, meist sind diese leicht zu bewältigen.

Von Sigmaringen nach Messkirch 17,5 km

An der Verzweigung den rechten geschotterten Weg wählen, der entlang der Donau bleibt ~ an der folgenden T-Kreuzung beim Schwimmbad rechts halten, unter einer Brücke durch, vorbei am Kraftwerk Laiz und ab hier asphaltiert in den Ort Laiz ~ an der Vorfahrtsstraße gegenüber der Tankstelle die Straße geradeaus zu einer Tempo 30-Zone hin überqueren.

Laiz

Die **Inzigkofer Straße** steigt leicht an, vorbei am Sportplatz der Fahrradbeschilderung Richtung Meßkirch geradeaus folgen ~ kurz vor Inzigkofen steigt der Weg steil an ~ an der Kreuzung bei der Kirche links in die **Kirchstraße** abbiegen, weiter leicht bergan.

Inzigkofen

PLZ: 72514; Vorwahl: 07511.
- Bürgermeisteramt, ✆ 73070
- Bauernmuseum, ✆ 52415
- ehem. Klosterkirche und ehem. **Kloster Inzigkofen**. Das

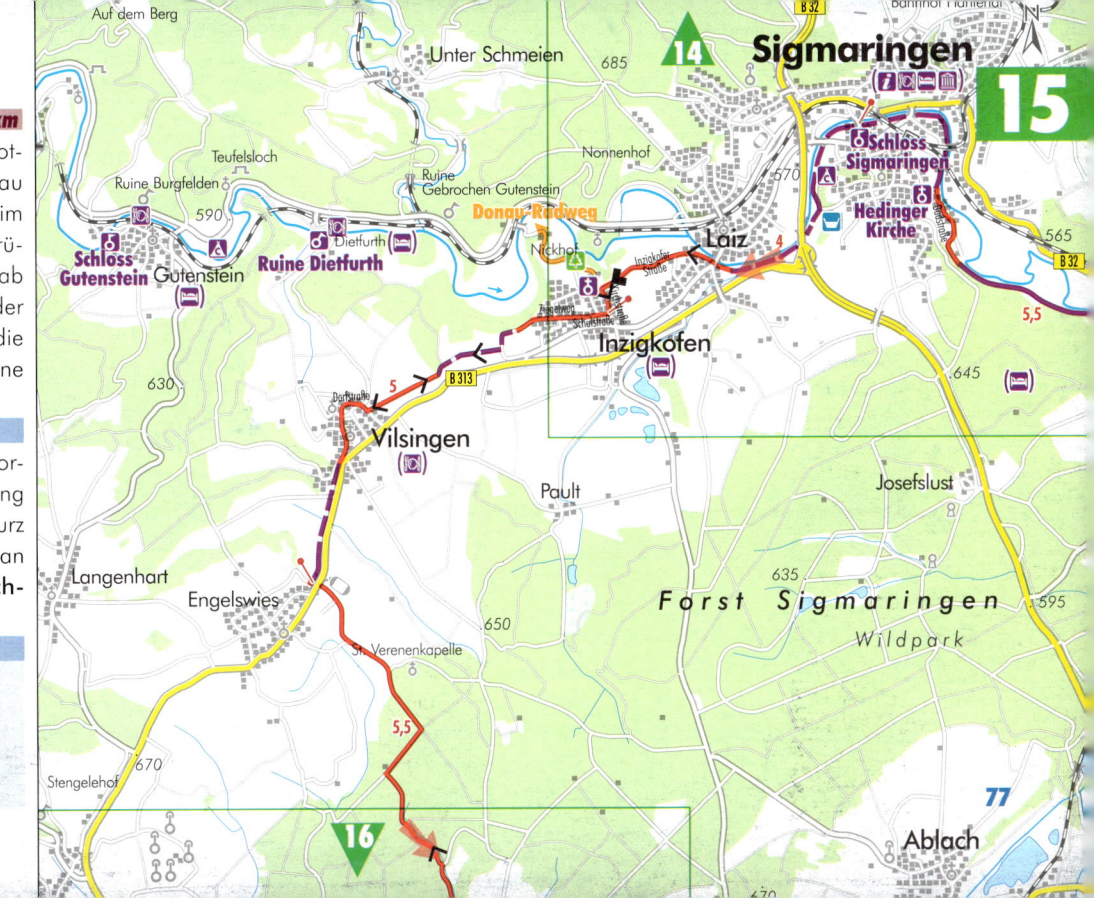

Auf der Donau

Gebäude des einstigen Augustinerchorfrauenstifts beherbergt seit der Mitte des 20. Jh. eine Erwachsenenbildungsstätte.

- **Achu-Kräutergarten**, ehem. Kloster, ÖZ: Mai-Okt., tägl. 9-19 Uhr.
- Der **Inzigkofer Park** liegt inmitten der imposanten Donausteilhänge im schroffen Jurakalkfelsen. Besondere Anziehungspunkte sind der Amalienfelsen, die Teufelsbrücke und die Grotten.
- Aussichtsturm **Känzele** im Inzigkofer Park

Falls Sie ausreichend Zeit haben, sollten Sie einen Rundgang durch den Park von Inzigkofen unternehmen, in dem „durch die Munificenz Seiner Königlichen Hoheit, des Fürsten Anton von Hohenzollern, jedem ordentlichen Menschen das Lustwandeln gestattet ist". Lassen Sie Ihr Rad beim Eingang des Parks stehen und folgen Sie dem Wanderweg Richtung Amalienfelsen, der sich im östlichen Teil des Parks befindet.

Vom Amalienfelsen führt ein steiler Weg zur Teufelsbrücke. Die Teufelsbrücke wurde 1843 als Holzbrücke erbaut, war 21,5 Meter lang und führte über einen 20 Meter tiefen Abgrund. Vermutlich verdankt die Brücke ihren Namen der folgenden Sage: Fürst Karl erteilte seinem Baumeister den Auftrag, über die Schlucht hinweg eine Brücke zu bauen. Der Baumeister antwortete seinem Herrn: „Die soll von mir aus der Teufel bauen, aber nicht ich!" Kaum hatte der Baumeister dies gesprochen, da stand auch schon der Teufel da und versprach, die Brücke zu bauen, aber unter der Bedingung, dass die Seele des Geschöpfes, das als erstes

Inzigkofen, Kirche

die fertige Brücke betrete, ihm gehören sollte. Man ging den Handel ein, und als die Brücke fertig war, jagte man einen räudigen Hund darüber und betrog damit den Teufel. 1895 wurde die Betonbrücke, die Sie heute sehen können, erbaut – diesmal vermutlich ohne höllische Unterstützung.

Durch den anschließenden kleinen Felstunnel führt der Weg nun leicht ansteigend bis zur Fahrstraße Inzigkofen-Nickhof. Nach etwa 100 Metern geht es nach links und über ein kurzes Wiesenstück direkt auf den Wald zu. Bald gelangt man zum „Känzele", einem malerischen Felsvorsprung mit schöner Sicht auf ein liebliches Wiesental, die sogenannte „Degernau". Vom Känzele geht's bergab zu den „Grotten", einer mächtigen Felshöhle und imposanten Felsdächern. Kurz nach dem romantischen Felsentor führt der Weg über eine

Treppe unter gewaltigen Felsüberhängen steil bergan. Auf der Lindenallee können Sie zum Kloster zurückspazieren.

An der folgenden Kreuzung rechts Richtung Rathaus in die **Schulstraße** ↝ nach dem Rathaus rechts halten, leicht ansteigend auf dem **Ziegelweg** durch ein Wohngebiet, geradeaus bis zum Waldrand ↝ ab hier auf einem Schotterweg am Waldrand entlang ↝ der Weg knickt nach links vom Waldrand weg und hat jetzt eine asphaltierte Oberfläche ↝ an der folgenden T-Kreuzung rechts abbiegen, ab hier wieder als Schotterweg ↝ entlang des Waldrandes, jetzt wieder auf Asphalt zur Gemeinde Vilsingen ↝ an der ersten Kreuzung rechts ↝ an der gleich darauffolgenden Vorfahrtsstraße neben einem Lebensmittelmarkt nach links in die **Dorfstraße** abzweigen.

Vilsingen

Der Vorfahrtsstraße in einem Linksbogen folgen (Landgasthof Zollern, Dorfstr. 33,) ↝ kurz vor der folgenden Vorfahrtsstraße nach rechts und vor dem ersten Haus wieder nach links auf den rechtsseitig parallel zur **Meßkircher Straße** verlaufenden geschotterten Rad- und Fußweg wechseln ↝ weiter Richtung Engelswies ↝ der Weg, inzwischen asphaltiert, biegt kurz vor dem Ort Engelswies nach links ab ↝ durch die Unterführung unter der Straße durch zum Sportplatz.

Engelswies

Auf dem asphaltierten Weg am Sportplatz entlang ↝ an einer T-Kreuzung bei einem steinernen Wegkreuz nach links auf den Waldrand zu ↝ dem asphaltierten Weg zunächst am Waldrand entlang, dann in den Wald folgen ↝ an einer Kreuzung mit zwei Schotterwegen nach rechts weiter auf dem asphaltierten Weg ↝ an der folgenden Viererkreuzung links in den Asphaltweg durch den Wald ↝ bald bergab ↝ am Waldrand im Linksbogen dem Asphaltweg folgen ↝ an der T-Kreuzung bei der kleinen Brücke nach rechts ↝ bergab an einem Steinkreuz vorbei ↝ auf der **Hofstattstraße** in den kleinen Ort Menningen ↝ beim Vorfahrt achten nach rechts in die **Gremlichstraße**.

Messkirch

Menningen

Am Ortsausgang der Kreisstraße Richtung Messkirch auf dem straßenbegleitenden Radweg folgen ↝ auf der **Hohenzollernstraße** durch Igelswies ↝ ab Ortsausgang wieder auf einem straßenbegleitenden Radweg ↝ auf dem Radweg entlang der **Igelswieser Straße** über die Bahnlinie nach Messkirch ↝ der Beschilderung Richtung Stockach folgen ↝ ein weiteres Mal über die Bahnlinie zur Vorfahrtsstraße ↝ hier nach links Richtung Stadtmitte ↝ auf der Bahnhofstraße, vorbei am Bahnhof, geradeaus bis zum Kreisverkehr.

Messkirch

PLZ: 88605; Vorwahl: 07575

- **Tourist-Information**, Conradin-Kreutzer-Str. 1, ☎ 206-46
- **Heimatmuseum**, Schlossstr. 1, Infos über die Tourist-Information, Führungen n.V. unter ☎ 1690. Hier wird eine Ausstellung zur Heimat- und Frühgeschichte Messkirchs und das Conradin-Kreutzer-Zimmer gezeigt.
- **Martin-Heidegger-Museum**, Schloss Messkirch, ÖZ: ganzjährig, Sa/So/Fei 13-17 Uhr, Gruppen n.V. In den Räumen des Ostflügels widmet sich das Museum mit einer Ausstellung und mit Dokumenten dem Leben und Werk des berühmten Philosophen.
- **Oldtimermuseum**, Schloss Messkirch, ÖZ: April-Okt. jeden 2. So im Monat, 11-16 Uhr u. n.V. Der Verein Museum der Oldtimerfreunde Meßkirch und Umgebung e.V. zeigt eine Ausstellung in der Schlossremise mit ca. 50 Fahrzeugen und eine Dokumentation zum Schakomobil und zu den in Meßkirch gebauten Veriats-Rennwagen.
- **Liebfrauenkirche**. Die Kirche ist ein Mix verschiedener Stilepochen. In ihrem Kern ist sie ein gotischer Bau aus dem Jahr 1356. Im Jahr 1576 wurde sie im Stil der Renaissance umgebaut (1576) und erhielt 1676 den Zwiebelturm.
- **Stadtpfarrkirche St. Martin**. Im Innern der Barockkirche sind das Dreikönigsbild des Meisters von Messkirch, die Bronzeepitaphe der Grafen von Zimmern und die Nepomukkapelle (1732-1739) sehenswert.
- **Schloss Messkirch**, Infos über die Tourist-Information, Führungen: Mai-Sept., jeden 2. So im Monat 16 Uhr, oder n.V., Meßkircher Konzertsommer und andere Veranstaltungen. Das Schloss der Grafen von Zimmern ist eines der ersten regelmäßigen Vierflügelbauten im Stil der Renaissance nördlich der Alpen. Der 31 Meter lange Renaissancesaal (1562) ist der älteste in Deutschland und ist mit einer prächtigen Kassettendecke ausgestattet.

Messkirch – Marktplatz mit Rathaus

- **Historische Altstadt** rund um den Marktplatz und das Schloss. Hier steht das Rathaus (1899) im Stil der Neu-Renaissance, das Haus am Markt (1455), das erste Rathaus der Stadt, und das Kleinfelderhaus (1456), das in fränkischer Fachwerkbauweise erbaut wurde. Es gibt einen beschilderten Rundgang und das Faltblatt „Der kleine Stadtführer", der in der Tourismus-Information erhältlich ist.
- **Mesnerhaus**. Das Mesnerhaus ist das Elternhaus des Philosophen Martin Heidegger.
- **„Römische Altstadt"** (75 n.Chr.) & Diana-Tempel, Ot. Heudorf. Hierbei handelt es sich um die größte in Baden-Württemberg entdeckte römische Gutsanlage, von der nur

noch einige Mauerreste und die Fundamente des Diana-Tempels erhalten sind. Der Weihestein an die Göttin Diana ist eine Kopie. Das Original befindet sich in den fürstenbergischen Sammlungen in Donaueschingen.

- Der **Hofgarten** wurde 1740 als Schlosspark im französischen Stil angelegt. Über 300 Lindenbäume wurde damals gepflanzt.
- **Hallenbad**, Am Feldweg, ✆ 206-54 od. 4384.

Die über tausendjährige Stadt Messkirch liegt zwischen Bodensee und Donau. Hier an der Ablach residierten bis Ende des 16. Jahrhunderts die Grafen von Zimmern, die die Geschicke Meßkirchs maßgeblich beeinflussten. Auch in der Architektur und der Kunst hinterließen sie ihre Spuren. Sie erweiterten die Stadt, errichteten die barocke Stadtpfarrkirche St. Martin und ließen 1557 das Schloss erbauen. Das Renaissancebauwerk blieb allerdings unvollendet. Von den Grafen von Zimmern stammt auch die Zimmernsche Chronik, die als eine der bedeutendsten Handschriften des Mittelalters gilt.

„Badischer Geniewinkel" ist ein geflügeltes Wort über Messkirch. Hier erblickten in den

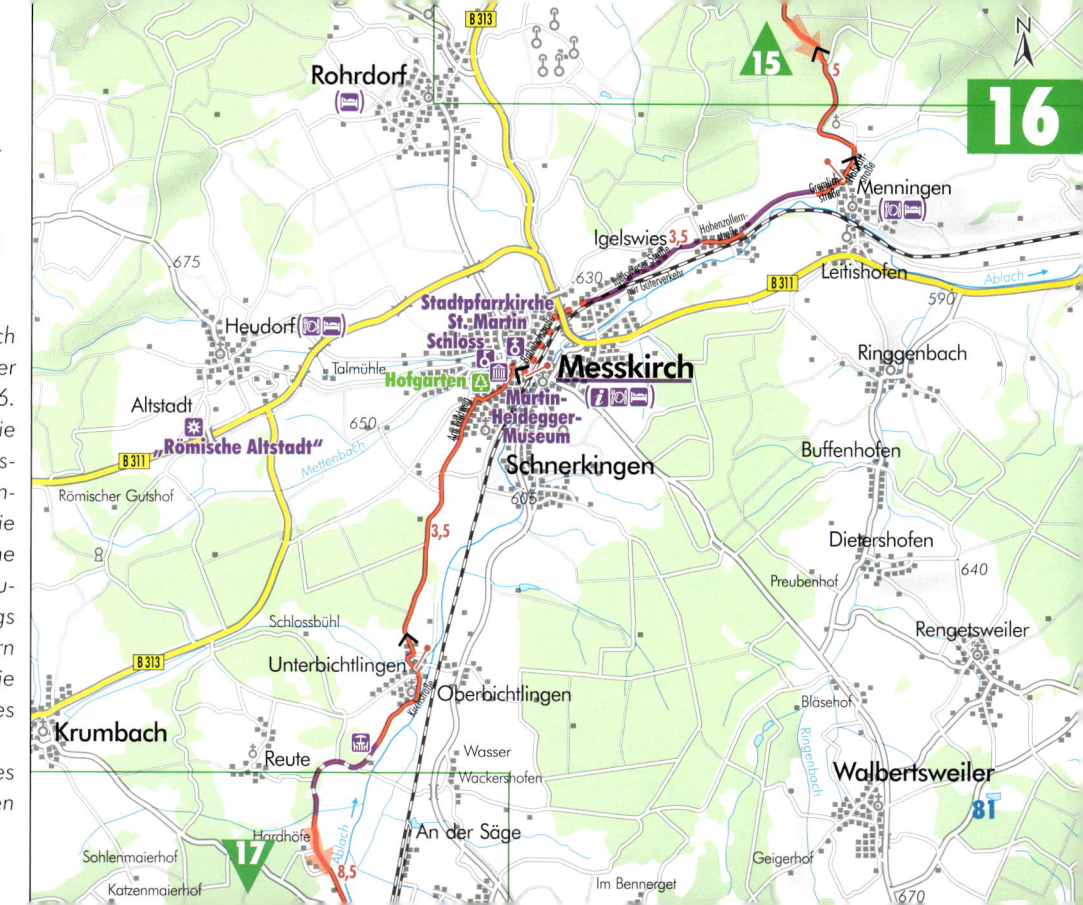

vergangenen Jahrhunderten berühmte Persönlichkeiten das Licht der Welt. Einer der bekanntesten unter ihnen ist der 1889 in Messkirch geborene Philosoph Martin Heidegger, einer der bedeutendsten Philosophen des 20. Jahrhunderts. Ihm zu Ehren wurde eine Straße „Am Feldweg" genannt und eine „roh gezimmerte Bank" aufgestellt – zur Erinnerung an die Schrift „Der Feldweg", in der er seine Jugendzeit in Messkirch beschreibt. Heidegger wurde 1959 Ehrenbürger der Stadt Messkirch. Nach seinem Tod im Jahr 1976 wird er auf eigenen Wunsch auf dem Messkircher Friedhof bestattet. Weitere berühmte Messkircher Persönlichkeiten sind die Hofmaler „Meister von Meßkirch", und Johann-Batist Seele (1774-1814), der Komponist Conradin Kreutzer (1780-1849), der zahlreiche Chorwerke und Opern schrieb,

Messkirch – Liebfrauenkirch

der Erzbischof von Freiburg Conrad Gröber (1872-1948), der Schriftsteller Anton Gabele (1890-1966) und der Komponist Friedrich Stärk (1891-1969), der bei Walt Disney als Musikdirektor tätig war.

Von Messkirch nach Zoznegg   14,5 km

Geradeaus halten – rechts geht's zur Stadtmitte – in die **Jahnstraße** entlang der Bahnlinie der Vorfahrtsstraße in die **Friedrich-Ebert-Straße** folgen ansteigend vorbei am Fußballstadion am Fußgängerüberweg nach links Richtung Schulzentrum/Hallenbad in die Straße **Am Feldweg** vorbei am Schulzentrum den Ort verlassen Richtung Ludwigshafen zum Waldrand hin.

Tipp: Etwas versteckt befindet sich hier rechts eine Schutzhütte mit Grillplatz im Wald.

Geradeaus halten, dann leicht bergab an einem Steinkreuz vorbei zum Ort Bichtlingen an der T-Kreuzung nach rechts und gleich darauf nach links über die kleine Brücke vorbei an einem Sägewerk auf der **Ehnried Straße**.

Bichtlingen

Geradeaus in die **Kirchstraße** der Beschilderung Richtung Sauldorf folgen entlang eines Wohngebietes aus dem Ort hinaus am Waldrand laden hier mehrere Sitzbänke zum Picknick an der nächsten Kreuzung geradeaus auf einen Schotterweg an der folgenden Kreuzung geradeaus, unter den

Stromleitungen durch in den Wald hinein ⇒ am Waldrand wechselt der Belag zu Asphalt ⇒ vorbei an den Gebäuden des Weilers Hardhöfe dem asphaltierten Weg bis zur Kreisstraße.

Hardhöfe

Geradeaus über die Kreisstraße weg der Fahrradbeschilderung Richtung Liggersdorf in das Naturschutzgebiet Sauldorfer Baggerseen folgen ⇒ kurz vor dem Waldrand dem asphaltierten Weg im Zick-Zack zwischen zwei Seen durch folgen ⇒ bei einem Gebäude kurz vor der Bahnlinie rechts abzweigen ⇒ zwischen Bahnlinie und See ⇒ am Ende des Sees nach links über die Bahnlinie auf den Waldrand zu ⇒ am Waldeck scharf rechts abbiegen, ab hier auf Schotterbelag ⇒ in den Wald ⇒ an einer Viererkreuzung nach rechts auf einen weiteren Schotterweg abzweigen.

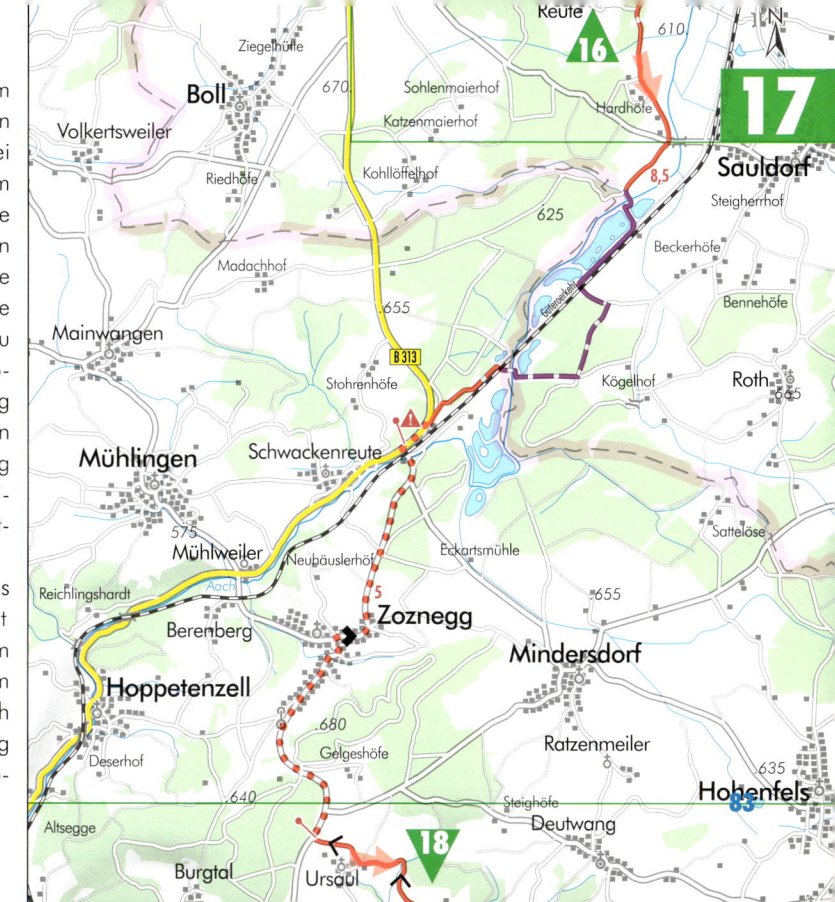

Diesem wieder ins Naturschutzgebiet hinein bis zu einem See folgen ⇒ am Ende des Sees nach rechts Richtung Schwackenreute abbiegen ▬ der Weg führt nach ca. 100 Metern links vom See weg, über eine kleine Brücke und über die Bahnlinie ▬ an der T-Kreuzung nach links ▬ an einer weiteren T-Kreuzung erneut links, hier geht der Belag in Asphalt über ▬ an der Bundesstraße **B 313** nach halblinks vorsichtig darauf einbiegen und schon nach wenigen hundert Metern nach links in Richtung der Ortschaft Wald und Mindersdorf auf eine Kreisstraße verlassen.

Über die Bahnlinie geradeaus ansteigend in den Wald ▬ an der Verzweigung nicht der Vorfahrtsstraße sondern geradeaus der Kreisstraße 6109 Richtung Zoznegg folgen.

Zoznegg

Von Zoznegg nach Ludwigshafen   15,5 km

Steil bergab (16%) durch den Ort Zoznegg bis zum Vorfahrt achten ▬ hier nach links in die **Stockacher Straße** ▬ den Ort auf der Kreisstraße wieder verlassen und dieser für rund 1,5 Kilometer folgen ▬ bei einer Bushaltestelle nach links Richtung Ursaul

auf eine kleine Straße abzweigen.

Tipp: Weiter auf dieser Straße kommen Sie nach Stockach.

Stockach
PLZ: 78333; Vorwahl: 07771

🛈 **Tourist-Info im Alten Forstamt**, Salmannsweilerstr. 1, ✆ 802-300

🏛 **Stadtmuseum im Alten Forstamt**, Salmannsweilerstr. 1, ✆ 802-303, ÖZ: ganzjährig, Di 9-12 Uhr u. 14-17 Uhr, Do 9-12 Uhr u. 14-19 Uhr, Fr 14-17 Uhr, Sa 9-12 Uhr, Gruppenführungen n.V. Das Museum zeigt neben der stadtgeschichtlichen Ausstellung Gemälde und Zeichnungen aus der städt. Sammlung, darunter Werke des Stockacher Künstlers Emil Lugo (1840-1902) und Bilder von Gustav Rockholtz (1869-1938). Außerdem besitzt das Museum eine Sammlung Zizenhauser Tonfiguren, die Alltagsszenen aus der bäuerlichen Welt darstellen.

✦ **Ev. Melanchthonkirche** (1883-84). In den Haupteingangstüren befinden sich die Reliefs der vier Evangelisten Matthäus (Engel), Markus (Löwe), Lukas (Stier) und Johannes (Adler).

✦ **Kath. St-Oswald-Kirche** (1932/33). Die Kirche bietet ein interessantes Äußeres. Von der alten Barockkirche blieb beim Kirchenneubau nur der Kirchturm mit seiner barocken Barockkuppel erhalten. Zu den Ausstattungsstücken zählen die Epitaphen, die Kreuzigungsgruppe über dem Hochaltar und das Dreikönigsrelief im Vorraum der Taufkapelle.

✦ **Hans-Kuony-Brunnen** (1973). Der Brunnen des Künstlers Werner Gürtner stellt den Stockacher Bürger und Hofnarren Hans Kuony dar, auf den das Privileg des „Hohen Grobgünstigen Narrengerichts zu Stocken" zurückgeht.

✦ **Heidenhöhlen**, Ot. Zizenhausen. Die Entstehung der Heidenhöhlen ist ungeklärt. Sie wurden in Zusammenhang mit den Römern, Zuflucht suchenden Christen und Heiden gebracht. Eine genaue Erklärung konnte bisher nicht gefunden

Stockach

werden.

- **Stockacher Quellerlebniswege.** Auf vier Themenwegen erfahren Sie Wissenswertes über den Quellbiotopschutz.
- **Stadtgarten**
- **Freizeitbad Osterholz**, Winterspürer Straße, ✆ 1727, ÖZ: Mai-Sept.
- **Hallenbad Stockach**, Dillstraße, ✆ 1757, ÖZ: Sept.-Mai
- **Strandbad Ludwigshafen**, ✆ 5116

Stockach liegt nur wenige Kilometer vom Bodensee entfernt in einer Talsenke der hügeligen Landschaft des Hegaus. Im Mittelalter war Stockach eine bedeutende Stadt, die am Schnittpunkt von sechs ehemaligen Römerstraßen lag und im frühen 16. Jahrhundert Poststation der Linien, Wien-Paris, Stuttgart-Zürich und Ulm-Basel war.

Stockach besitzt eine junge historische Altstadt und einen Stadtgarten, die bei einem Stadtrundgang erkundet werden können.

Bergab bis in den kleinen Weiler Ursaul.

Ursaul

An der Kreuzung links halten Richtung Sonnenberg – an der T-Kreuzung bei den Gebäuden von **Sonnenberg** nach rechts abzweigen bergab und nach einer scharfen Rechtskurve in den Wald, jetzt steil bergab die kleine Straße mündet neben den Sportanlagen des Ortes Winterspüren in die Landstraße hier rechts auf den straßenbegleitenden Radweg in den Ort Winterspüren hinein.

Winterspüren

Vor der Kirche links Richtung Bonndorf auf der **Bonndorfer Straße** über eine Brücke danach nach rechts in den **Ziegelhüttenweg** bergauf der kleinen Straße folgen der Belag wechselt zu Schotter an der Verzweigung links halten durch den Wald auf einem gut befestigten und für den öffentlichen Verkehr freien Schotterweg an der folgenden Verzweigung links halten Richtung Ludwigshafen weiter bergauf in den Wald an einem steileren Anstieg wechselt der Belag zu Asphalt es geht bald wieder bergab, unter der Bundesstraße durch in der Ferne ist bereits der Bodensee zu erkennen rechts auf die Kreisstraße einbiegen in den Wald und in Serpentinen bergab.

Tipp: Vom Parkplatz in einer engen Linkskurve aus hat man einen schönen Ausblick auf den Bodensee und den Zielort Ludwigshafen.

Nach dem Ortseingangsschild von Ludwigshafen an der Bundesstraße **B 31** links am nächsten Abzweig nach rechts in die **Mühlbachstraße** auf Höhe der Kirche nach links in den als Sackgasse ausgeschilderten **Johannes-Hüglin-Weg** an der Vorfahrtsstraße rechts zur Ampel hier links in die **Sernatingenstraße**, am Brunnen vorbei bis zum Bahnübergang nach rechts auf der Bahnhofstraße zum Bahnhof um die Tour jedoch ganz abzuschließen fahren Sie geradeaus über den Bahnübergang in die **Hafenstraße**, vorbei an der Touristinformation und direkt zum See.

Tipp: Bodman-Ludwigshafen liegt am Bodensee-Radweg. Hierzu ist das gleichnamige bikeline-Radtourenbuch erschienen.

Ludwigshafen

PLZ: 78351; Vorwahl: 07773

- **Tourist-Information Ludwigshafen,** Hafenstr. 5, ✆ 930040
- **Tourist-Information Bodman,** Seestr. 5, ✆ 939695
- **Bodman-Museum,** Seestr. 5, ✆ , ÖZ: ganzjährig, Mo-Do 9-12 Uhr und 14-16 Uhr, Fr 8-12 Uhr. Zu sehen sind regionale Funde aus der Zeit 8.000-3.000 v. Chr.
- **Schloss Bodman** (18. Jh.). Zur jüngst renovierten Anlage des gräflichen Schlosses gehören das zweistöckige Gredhaus, das alte Torhaus und der Torkel, ein Fachwerkbau von 1772.
- **Kloster Frauenberg** und Wallfahrtskapelle, Ot. Bodman.
- **Marienschlucht**

❄ Mit der **Pfänderbahn** geht es hinauf auf den „Hausberg" (1064 m). Infos: Pfänderbahn AG, Steinbruchg. 4, A-6900 Bregenz, ✆ 0043/5575/42160-0.

❄ **Alpenwildpark Pfänder & Adlerwarte Pfänder**, Flugschau: Mai–Okt., tägl. 11 und 14.30 Uhr.

✉ **Strandbad Ludwigshafen**, Überlinger Str., ✆ 5116, 🚲

✉ **Strandbad Bodman**, Ortseingang, ✆ 5408

🚲 **Bahnhof**, ✆ 5292

❄ Von der **Burgruine Alt-Bodman** hat man einen herrlichen Ausblick auf den Bodensee.

Bodman ist der westliche Ort der Doppelgemeinde Bodman-Ludwigshafen. Die kontinuierliche Besiedlung Bodmans im Laufe der Geschichte steht spätestens seit dem Fund bronzezeitlicher Pfahlbauten außer Zweifel. Heute ist Bodman ein beschaulicher Erholungsort mit 1.250 Einwohnern. Sehenswert ist die Pfarrkirche mit ihrem steilen Satteldach, den frühgotischen Fenstern und der reich verzierten Holzdecke von 1624. Etwas jüngeren Datums ist das Torkelgebäude in der Nähe des gräflichen Schlosses. Der Fachwerkbau beherbergt eine Weinpresse (=Torkel) mit einem mächtigen Torkelbaum.

Ludwigshafen wurde 1155 erstmals urkundlich erwähnt, allerdings unter dem Namen Sernatingen. Der Ort, am Nordende des Bodensees gelegen, entwickelte sich bald zu einem wichtigen Warenumschlagplatz im Nord-Süd-Handel. 1826 ließ der badische Hezog Ludwig den Hafen Sernatingens ausbauen und der Ort wurde nach ihm benannt.

Die Atmosphäre von Hemsdorf, dem ältesten Stadtteil Ludwigshafens, mit der einladenden gastronomischen Szene, die Innenstadt rund um den Ludwigsplatz mit den hohen Platanen, die Kunstwerke, auf die Sie im Stadtgebiet treffen, sowie das milde Bodenseeklima und der Blick auf das Bergpanorama, die an Südeuropa erinnern, lassen den Radurlaub würdig ausklingen.

Bett & Bike

Alle mit dem Bett&Bike-Logo (🚲)gekennzeichneten Betriebe sind fahrradfreundliche Gastbetriebe und Mitglieder beim ADFC-Projekt „Bett&Bike". Sie erfüllen die vom ADFC vorgeschriebenen Mindestkriterien und bieten darüber hinaus so manche Annehmlichkeit für Radfahrer. Detaillierte Informationen finden Sie in den ausführlichen Bett&Bike-Verzeichnissen – diese erhalten Sie überall, wo's *bikeline* gibt.

Übernachtungsverzeichnis

Im Folgenden sind Hotels (H, Hg), Gasthöfe (Gh), Pensionen (P) und private Unterkünfte (Pz), aber auch Jugendherbergen (🛈) und Campingplätze (⛺) der meisten Orte entlang des Radweges angeführt. Die Orte sind nicht in alphabetischer Reihenfolge, sondern analog zur Streckenführung aufgelistet.

Das Verzeichnis erhebt keinen Anspruch auf Vollständigkeit und stellt keine Empfehlung der einzelnen Betriebe dar.

Die römische Zahl (I–VI) nach der Telefonnummer gibt die Preisgruppe des betreffenden Betriebes an. Folgende Unterteilung liegt der Zuordnung zugrunde:

I unter € 15,–
II € 15,– bis € 23,–
III € 23,– bis € 30,–
IV € 30,– bis € 35,–
V € 35,– bis € 50,–
VI über € 50,–

Die Preisgruppen beziehen sich auf den Preis pro Person in einem Doppelzimmer mit Dusche oder Bad incl. Frühstück. Übernachtungsbetriebe mit Zimmern ohne Bad oder Dusche, aber mit Etagenbad, sind durch das Symbol 🛁 nach der Preisgruppe gekennzeichnet.

Da wir das Verzeichnis stets erweitern, sind wir für Ihre Anregungen dankbar. Die einfache Eintragung erfolgt für die Betriebe natürlich kostenfrei.

Nördlingen
PLZ: 86720; Vorwahl: 09081
🛈 Touristik-Information, Marktpl. 2, ✆ 438-0
H Altreuter, Marktpl. 11, ✆ 4319, III-IV
H Am Ring, Bgm-Reiger Str. 14, ✆ 290030, V
H Goldene Rose, Baldinger Str. 42, ✆ 86019, V
H Kaiserhof Hotel Sonne, Marktpl. 3, ✆ 5067, VI
H Klösterle, Beim Klösterle 1, ✆ 8708-0, VI
Gh Goldener Schlüssel, Augsburger Str. 24, ✆ 3581, III
Gh Zum Engel, Wemdinger Str. 4, ✆ 3167, III-IV
Gh Zum Goldenen Lamm, Schäfflesmarkt 4, ✆ 80506-36
Pz Haus Walkmühle, Kämpelg. 1, ✆ 4527, II

Baldingen
Gh Zum Storchen, Ramantische Str. 22, ✆ 3233

Utzmemmingen
PLZ: 73469; Vorwahl: 09081
🛈 Gemeindeverwaltung, Hauptstr. 13,

✆ 2935-11
Gh Adler, Brunnenstr. 5, ✆ 3476, I-II
Gh Riesblick, Nördlinger Str. 36, ✆ 9363, I-II
♿ Ringlemühle, ✆ 3502
♿ Gh Riesblick, Nördlinger Str. 36, ✆ 9363

Bopfingen
PLZ: 73441; Vorwahl: 07362
ℹ️ Ries-Ostalb Touristikverein e.V., Marktpl. 1, ✆ 801-22
H Dietz, Hauptstr. 51-63, ✆ 807-0, V
H Zum Sonnenwirt, Am Marktpl., ✆ 9696-0, V-VI ♿
Hg Breitenbücher's Hotel Pension, Heinstättenweg 13, ✆ 3454, V
Gh Zum Bären, Nördlinger Str. 2, ✆ 7267, III
Gh Zur Krone, Bergstr. 116, ✆ 3445, III
Gh Zum Rößle, Bopfinger Str. 27, ✆ 7362, III

Lauchheim
PLZ: 73466; Vorwahl: 07363
ℹ️ Bürgermeisteramt, ✆ 85-0
Gh Roter Ochsen, Hauptstr. 24, ✆ 5329, III-IV
♿ Wanderheim Schwäbischer Albverein, Kapfenburg, ✆ 3297

Waldhausen
PLZ: 73432; Vorwahl: 07361
ℹ️ Tourismus-Service, Marktpl. 2, ✆ 52-2358
H Adler, Deutschordenstr. 8, ✆ 950-0, V-VI
H Alte Linde, Albstr. 121, ✆ 2001, IV

Unterkochen
PLZ: 73432; Vorwahl: 07361
ℹ️ Tourismus-Service, Marktpl. 2, ✆ 52-2358
H Scholz, Aalener Str. 80, ✆ 567-0, IV-V
H Das Goldene Lamm, Kocherstr. 8, ✆ 9868-0, V-VI
H Läuterhäusle, Waldhäuser Str. 109, ✆ 9889-0, IV-V
H Kälber, Behringstr. 26, ✆ 8444 ♿
Hg Stütz, Heidenheimer Str. 3, ✆ 9860-0, IV
Gh Zum Stern, Rathauspl. 11, ✆ 981481

Oberkochen
PLZ: 73540; Vorwahl: 07173
ℹ️ Touristikgemeinschaft Sagenhafter Albuch e.V. — Essingen, Rathausg. 9, ✆ 83-0
ℹ️ Stadt Heubach, Hauptstr. 35, ✆ 181-54
H am Rathaus, Eugen-Bolz-Pl. 2, ✆ 96330, V
P Gästehaus Rosenstein, Mögglinger Str. 54, ✆ 927920, III

P Gästehaus Gutenbach, H.-Küppenbender-Str. 37, ✆ 96170, III-IV
P Gästehaus Winter, Heidenheimer Str. 12a, ✆ 955960, II-III
Pz Muckenthaler, Turmweg 8, ✆ 7119*, II
Pz Pflug, Katzenbachstr. 20, ✆ 327, III

Aalen
PLZ: 73430; Vorwahl: 07361
ℹ️ Tourismus-Service, Marktpl. 2, ✆ 52-2358
PLZ: 73430
H City Hotel Antik, Stuttgarter Str. 45-47, ✆ 5716-0, III-IV
Hg Aalener Ratshotel, Friedrichstr. 7, ✆ 9584-0, IV-V
Gh Eichenhof, Stadionweg 1, ✆ 41020, V
Gh Zum Falken, Schubartstr. 12, ✆ 62780
Gh Alter Löwen, Löwenstr. 8, ✆ 66161
♿ Jugendherberge Aalen, Stadionweg 8, ✆ 49203
PLZ: 73431
H Ramada Treff-Hotel Limes-Thermen, Osterbucher Pl. 1, ✆ 944-0, VI
Hg Martin, Hugo-Closs-Str. 13, ✆ 32676, II-III
Gh Graulesbof, Ziegelstr. 155, ✆ 32469, IV-V

Pz Bechtloff, Schumannstr. 11, ✆ 49296, II
Pz Stern, Hornbergstr. 2, ✆ 6635, II
Pz Kuhne, Haldenbachstr. 22, ✆ 7359, II

Affalterried
(PLZ: 73433)
Gh Waldschenke, Mönchsbuchstr. 2, ✆ 74203, II

Brastelburg
(PLZ: 73432)
Gh Zum Weißen Rößle, Eftenbergstr. 21, ✆ 921390, III

Ebnat
(PLZ: 73432)
Gh Lamm, Unterkochener Str. 16, ✆ 2412

Hofen
(PLZ: 73433)
Gh Liederhalle, Dorfstr. 42, ✆ 71114, III

Oberalfingen
(PLZ: 73433)
Gh Kellerhaus, Nördlinger Str. 1, ✆ 74150, III

Röthardt
(PLZ: 73433)
Gh Vogthof, Bergbaustr. 28, ✆ 73688, III-IV

Treppach

(PLZ: 73433)
H Adler, Bodenbachstr. 8, ✆ 9197-60, III-IV ♿

Wasseralfingen (PLZ: 73433)
Gh Zum Bürgle, Bürglesteige 12, ✆ 71428, III
Gh Goldener Stern, Wilhelmstr. 38, ✆ 71715, III ♿
🏠 Naturfreundehaus, Braunenberg 4, ✆ 971836

Essingen
PLZ: 73457; Vorwahl: 07365
ℹ️ Touristikgemeinschaft Sagenhafter Albuch e.V., Rathausg. 9, ✆ 83-0
ℹ️ Bürgermeisteramt, Rathausg. 9, ✆ 83-83
Gh Brauerei Sonne, Rathausgasse 17, ✆ 92093-0, II-III
Gh Zur Rose, Hauptstr. 43, ✆ 9607-0, IV

Lauterburg
PLZ: 73566; Vorwahl: 07173
Pz Stegmaier, Bäckerg. 13, ✆ 5707, I
♿ Campingplatz Hirtenteich, Hasenweide 1, ✆ 296

Heubach
PLZ: 73540; Vorwahl: 07173

90

ℹ️ Touristikgemeinschaft Sagenhafter Albuch e.V. — Essingen, Rathausg. 9, ✆ 83-0
H Deutscher Kaiser, Hauptstr. 42, ✆ 8708, IV
Hg Rosenstein, Mögglinger Str. 54, ✆ 92792-0, III
Gh Goldener Ochsen, Hauptstr. 23, ✆ 8183, III
Gh Goldener Hirsch, Hauptstr. 86, ✆ 8703, IV
Gh Jägerhaus, Bartholomäer Str. 41, ✆ 6907, III
🏠 Naturfreundehaus, Himmelreich, ✆ 5911

Hussenhofen
PLZ: 73529; Vorwahl: 07171
ℹ️ I-Punkt Schwäbisch Gmünd, Marktpl. 37/1, ✆ 603-4210 od. –4250
H Gelbes Haus, Hauptstr. 83, ✆ 987050, IV-V ♿
H Kreuz, Hauptstr. 75, ✆ 81590, IV

Schwäbisch Gmünd
PLZ: 73525; Vorwahl: 07171
ℹ️ I-Punkt Schwäbisch Gmünd, Marktpl. 37/1, ✆ 603-4210 od. –4250
H Das Patrizier, Kornhausstr. 25, ✆ 92703-0, V-VI
H Pelikan, Türlensteg 9, ✆ 3590, VI

H Einhorn, Rinderbacherg. 10, ✆ 63023, V
H Fortuna, Hauberweg 4, ✆ 1090, V-VI
M Buchhof, Unterm Buch 1, ✆ 91090, IV
Gh Weißer Ochsen, Parlerstr. 47, ✆ 2812, II, ♿

Bettringen
(PLZ: 73529)
H Rosengarten, Heubacher Str. 32, ✆ 84737, III-IV
Pz Nuding, Kurt-Schuhmacher-Str. 10, ✆ 82080, III

Degenfeld
(PLZ: 73529)
Gh Hirsch, ✆ 5057, III
Gh Zum Pflug, Kalte-Feld-Str. 3, ✆ 309622, III
🏠 Wanderheim des Schwäbischen Albvereins — Franz-Keller-Haus, Auf dem Kalten Feld, Kontakt: Hr. Lautner, Neckarstr. 25, ✆ 82013

Rechberg
(PLZ: 73529)
H Rad, Hohenstaufenstr. 1, ✆ 42820, II
Gh Jägerhof, Hohenstaufenstr. 22, ✆ 41742, II
P Zum Rechberg, Hohenstaufenstr. 91,

✆ 43464, II, ♿
Pz Nägele, Hohenstaufenstr. 111, ✆ 43430
Pz Rieger, Hohenstaufenstr. 111/1, ✆ 44189, I

Straßdorf
(PLZ: 73529)
H Adler, Einhornstr. 31, ✆ 41041, IV
H Krone, Einhornstr. 12, ✆ 947480, V ♿

Wetzgau
(PLZ: 73527)
Gh Krone, Deinbacher Str. 42, ✆ 977780, III

Waldstetten
PLZ: 73550; Vorwahl: 07171
ℹ️ Bürgermeisteramt, Hauptstr. 1, ✆ 403-41
H Kaiserberge, Robert-Bosch-Str. 4/1, ✆ 94703-0, IV
Pz Ludwig-Lachmann, Gartenstr. 54, ✆ 43980, II

Wißgoldingen
Gh Adler, Donsdorfer Str. 14, ✆ 29904, III
Gh Hirsch, Zur Vorstadt 41, ✆ 29536, I-II, ♿

Weilerstoffel
PLZ: 73550; Vorwahl: 07171
ℹ️ Bürgermeisteramt Waldstetten, Hauptstr. 1, ✆ 403-41

Gh Hölzle, Waldstetter Str. 19, ✆ 4005-0, IV-V
Gh Veit, Tanweiler Str. 2, ✆ 41816, IV

Lauterstein
PLZ: 73111; Vorwahl: 07332
🛈 Fremdenverkehrsgemeinschaft Hornberg-Albuch-Lautertal e.V., Bürgermeisteramt Böhmenkrich, ✆ 9600-0
Hg Silberdistel, Kreuzbergstr. 32, ✆ 3732, III-IV
Gh Heldenberg, Am Heldenberg 1, ✆ 6661, III
Pz Fuchs, Stockwiesenstr. 25, ✆ 6264, II

Donzdorf
PLZ: 73072; Vorwahl: 07162
🛈 Fremdenverkehrsgemeinschaft Hornberg-Albuch-Lautertal e.V., Bürgermeisteramt Böhmenkrich, ✆ 9600-0
H Becher, Schlossstr. 7, ✆ 20050, V
Gh Kuchalber Stuben, Kuchalb 10, ✆ 940940, IV
Gh Landhaus am Rehwald, Schurrenhof 5, ✆ 1600, II-III
Gh Lindenhof, Graf-Rechberg-Str. 24, ✆ 24244, III
Pz Lipp, Campingplatz Schurrenhof, ✆ 8190, I
⛺ Campingplatz Schurrenhof, ✆ 8190

Reichenbach u. R
Gh Bürgerstube, Querweg 15, ✆ 29539, I-II

Schlat
PLZ: 73114; Vorwahl: 07162
🛈 Bürgermeisteramt, Hauptstr. 2, ✆ 987397-0
Gh Lamm, Eschenbacher Str. 1, ✆ 999020, IV
Gh Rommertaler Burgstüble, Burgstr. 8, ✆ 999040, IV

Gammelshausen
PLZ: 73087; Vorwahl: 07164
🛈 Bad Boll Info, Am Kurpark 1, ✆ 808-28
Pz Braun, An der Wette 3, ✆ 4313, I
Pz Link, Kornbergweg 16, ✆ 3497, I
Pz Ströhle, Fichtenstr. 7, ✆ 903571, I

Bad Boll
PLZ: 73087; Vorwahl: 07164
🛈 Bad Boll Info, Am Kurpark 1, ✆ 808-28
H Bad Boll, Michael-Hörauf-Weg 2, ✆ 8050, VI
H Löwen Bad Boll, Hauptstr. 46, ✆ 94090, V
H Stauferland, Göppinger Str. 32, ✆ 2077-79, VI
Hg Landhaus Sonnenhalde, Kornbergweg 1, ✆ 94030, V
Gh Rosenau, Rosenstr. 1, ✆ 12064
Gh Zur Krone, Badstr. 12, ✆ 2931, IV
P Badhof am Kurpark, Gerhard-Heyde-Weg 10, ✆ 902006, III
P Gästehaus Rosa Zeiten, Bahnhofsallee 7, ✆ 2022, V
P Gästezimmer Belvedere, Am Kurpark 1, ✆ 81-550, -551
Pz Braun, An der Wette 3, ✆ 4313, II
Pz Kliemt, Wilhelm-Hauff-Weg 6, ✆ 4597, I
Pz Link, Kornbergweg 16, ✆ 3497
Bh Pension am Kurpark, Gerhard-Heyde-Weg 10, ✆ 902006, III

Eckwälden
PLZ: 73087; Vorwahl: 07164
🛈 Bad Boll Info, Am Kurpark 1, ✆ 808-28
Gh Albblick, Dorfstr. 79, ✆ 2239, II

Grabenstetten
PLZ: 72582; Vorwahl: 07382
🛈 Gemeindeverwaltung, Böhringer Str. 10, ✆ 387
Gh zum Lamm, Uracher Str. 7, ✆ 823, II

Donnstetten-Römerstein
PLZ: 72587; Vorwahl: 07382
🛈 Gemeindeverwaltung, Albstr. 2, ✆ 9398-21
🏠 Naturfreundehaus Römerstein, Böhringer Str. 4, ✆ 856 od. 0711/690870

Böhringen-Römerstein
PLZ: 72587; Vorwahl: 07382
🛈 Gemeindeverwaltung, Albstr. 2, ✆ 9398-21
Gh Hirsch, Albstr. 9, ✆ 9397-0, III
Pz Großhans, Achalmstr. 7, ✆ 456, II, 🐕
⛺ Campingplatz Lauberg, Hinter Lau 7, ✆ 1509
⛺ Jugendzeltplatz Dorfplatz Mönchberg, Albstadion 2, ✆ 9398-0

Zainingen
Gh Löwen, Uracher Str. 21, ✆ 396, II

Bad Urach
PLZ: 72563; Vorwahl: 07125
🛈 Touristinfo, Postfach 1206, ✆ 9432-0
PLZ: 72574
H am Berg, Ulmer Str. 12-14, ✆ 9464-60, IV
H Buck, Neue Straße 5-7, ✆ 9494-0, IV-V
H Graf Eberhard, Bei den Thermen 2, ✆ 148-0, VI

H Vier Jahreszeiten, Stuttgarter Str. 5, ☎ 9434-0, V-VI
Hg Bächi, Olgastr. 10, ☎ 9469-0, IV
Hg Breitenstein, Eichhaldestr. 111, ☎ 9495-0, IV-V
Hg Quellenhof, Bei den Thermen 16-18, ☎ 1505-0, V
Hg Villa Martina, Olgastr. 16, ☎ 8485, IV
Gh Lamm, Jakob-Reiser-Str. 36, ☎ 3522, II
Gh Ristorante Rostica, Ailhelmpl. 1, ☎ 4467, V
Gh Traube, Kirchstr. 8, ☎ 7559, IV-V
Gh Weberbleiche, Weberbleiche 11, ☎ 408852, II
Gh Weissinger, Stuttgarter Str. 45, ☎ 4121, III
Gh Wilder Mann, Pfählstr. 7, ☎ 8868, III
P Gästehaus Walter, Vogelwiesenstr. 6, ☎ 7200, III
Pz Doberschek, Fischburgsrt. 27, ☎ 3273, II-III, 🚭
Pz Haag, Breitensteinmstr. 17, ☎ 70656, II
Pz Katzemaier, Eichhaldestr. 29, ☎ 4434, I
Pz Kolesch, Hochsträß 6, ☎ 4654, II
Pz Krezdorn, Eichhaldestr., 26, ☎ 70117, I
Pz Kuhn, Immanuel-Kant-Str. 56, ☎ II
Pz Künschner, Eichhaldestr. 172, ☎ 4546, II-III
Pz Lienert, Birkenstr. 20, ☎ 3528, I
Pz Lenz, Geirenbadstr. 14, ☎ 4850, I, 🚭
Pz Metzger, Elbenweg 3, ☎ 3117, I-II
Pz Rihele, Hauptstr. 32, ☎ 3427, I-II
Pz Rübel, Kirchstr. 14, ☎ 4881, II-V, 🚭
Pz Runke, Kernerstr. 1, ☎ 7964, I, 🚭
Pz Seibert, Immanuel-Kant-Str. 116, ☎ 70837, III
Pz Westphal, Eichhaldestr, 40/1 und 48, III
Pz Wiest, Weinlandstr. 5, ☎ 8506, I, 🚭
🏠 Jugendherberge Bad Urbach, Burgstr. 45, ☎ 8025
🏠 Naturfreundehaus Seltbach, Kontakt: Fr. Wittek, Weberbleiche 35, ☎ 7194
⛺ Campingplatz Pfählhof, Pfählhof 2, ☎ 8098

Sirchingen
Pz Lienert, Birkenstr. 20, ☎ 3528, I
Pz Metzger, Elbenweg 3, ☎ 2117, I-II
Pz Riehle, Hauptstr. 32, ☎ 3427, I-II

Wittlingen
Pz Doberschek, Fischburgstr. 27, ☎ 3273, II-III

Dettingen/Erms
PLZ: 72581; Vorwahl: 07123
ℹ️ Bürgermeisteramt, Rathauspl. 1, ☎ 7207-11
H Rößle, Uracher Str. 30/32, ☎ 9780-0, IV-V
Gh Löwen, Metzinger Str. 20, ☎ 71286, IV
Gh Zur Kelter, Neuffener Str. 34, ☎ 7794, III-IV
P Gästehaus Marion, Schillerstr. 1, ☎ 9797-0, IV
Pz Brudi, Burgstr. 12, ☎ 7961, II
Pz Haas, Huberweg 16, ☎ 72185, II
🏠 Naturfreundehaus Waldheim, Kontakt: Hr. Münzing, Reiherweg 3, ☎ 7420 od. 7668

Glems
PLZ: 72555; Vorwahl: 07123
ℹ️ I-Punkt Tourismus, Am Marktpl. 4, ☎ 925-326
H Stausee-Hotel, Unterer Hof 3, ☎ 92360, V-VI
Gh Zum Waldhorn, Neuhausener Str. 32, ☎ 69350, II-V

Metzingen
PLZ: 72555; Vorwahl: 07123
ℹ️ I-Punkt Tourismus, Am Marktpl. 4, ☎ 925-326
H Bohn, Stuttgarter Str. 78, ☎ 170560, V
H Schwanen, Bei der Martinskirche 10, ☎ 946-0, VI

Neuhausen
P Gästehaus, Brunnenstr. 1, ☎ 2284, I-III

Reutlingen
PLZ: 72764; Vorwahl: 07121
ℹ️ StaRT - Stadtmarketing und Tourismus Reutlingen GmbH, Untere Gerberstr. 5-7, ☎ 939353-00
🏠 Wanderheim Roßberghaus, Ot Gönningen, ☎ 07072/7007
PLZ: 72762
H Germania, Unter den Linden 20, ☎ 319-00, III-IV
PLZ: 72764
H Ernst, Am Keonhardspl. , ☎ 4880, III
H Fora Hotel Reutlingen, Am Echazufer 22, ☎ 924-0, V
H Fürstenhof, Kaiserpassager 5, ☎ 318-0, V
H Villa Ernst, Seerstr. 38, ☎ 4880, III
H Württemberger Hof, Kaiserstr. 3, ☎ 17056
Pz Walker, Aispachstr. 3, ☎ 478079, II, 🚭
PLZ: 72766
H Achalm Hotel, Auf der Achalm, ☎ 4820, V
Hg Kohler-Venus, Behringstr. 5, ☎ 491523, III
H Klostermühle, Neckartenzlinger Str. 90,

✆ 81170, IV
Gh Rosenbach, Ihmenfeldstr. 4, ✆ 45128, II-III
PLZ: 72768
Gh Adler, Hohenstaufenstr. 11, ✆ 96870, V
PLZ: 72770
H Fortuna, Carl-Zeiss-Str. 75, ✆ 5840, V
Gh Lorch, Turmstr. 18, ✆ 506858, IV
Hg Zum Schwan, Steinachstr. 1, ✆ 54898, IV
Pz Starck, Bruckäckerweg 9, ✆ 52793, II

Eningen u. A.
PLZ: 72800; Vorwahl: 07121
🛈 Gemeindeverwaltung, Rathauspl. 1 & 2, ✆ 892-143
H Eninger Hof, Kappelbach 24, ✆ 98855-0, V-VI
P Stieflmeyer-Kinkelin, Rathauspl. 3, ✆ 880500
🏠 Naturfreundehaus am Lindenplatz, Paul-Jauch-Weg 40, Kontakt: Fr. Schlegel, Auf der Ebene 9, ✆ 88168
🏠 Wanderheim Eninger Weide, Kontakt: Fr. Härtle, Im Scherbental 8, ✆ 83290

Würtingen
PLZ: 72813; Vorwahl: 07122

🛈 Tourist-Information, Kirchg. 1, ✆ 9231 od. 8299-0
Gh Hirsch, Hirschstr. 4, ✆ 8298-0, III-IV
Gh Gestütsgasthof Griesigner, ✆ 9296, III-IV

Bleichstetten
PLZ: 72813; Vorwahl: 07122
🛈 Tourist-Information, Kirchg. 1, ✆ 9231 od. 8299-0
Gh Zum Hirsch, Wiesentalstr. 2, ✆ 9241, II
🏠 Naturfreundehaus Rohrauer Hütte, Kontakt: Hr. Harter, Gerhart-Hauptmann-Str. 2, 72574 Bad Urach, ✆ 07125/7129

Lonsingen
PLZ: 72813; Vorwahl: 07122
🛈 Tourist-Information, Kirchg. 1, ✆ 9231 od. 8299-0
Gh Grüner Baum, Albstr. 4-6, ✆ 17-0, IV-V
Pz Gaßner, Buchstr. 10, ✆ 9741, I-II
Pz Uebele, Gächinger Str. 16, ✆ 3433, I-II

Upfingen
Gh Zur Krone, Uracher Str. 17, ✆ 9888, III

Gächingen
PLZ: 72813; Vorwahl: 07122
🛈 Tourist-Information, Kirchg. 1, ✆ 9231 od. 8299-0
Gh Zum Hirsch, Parkstr. 2, ✆ 8287-0, IV
Pz Goller, Neue Steige 24, ✆ 9355, II
Pz Lamparter, Holzweg 9/2, ✆ 9568, II

Offenhausen
PLZ: 72532; Vorwahl: 07385
🛈 Tourist-Information Gomadingen, Marktpl. 2, ✆ 9696-33
H Gulewitsch, Ziegelbergstr. 24, ✆ 9679-0, IV-V
Pz Wagner, Lichtensteinstr. 16, ✆ 1363, I, 🐾

Gomadingen
PLZ: 72532; Vorwahl: 07385
🛈 Tourist-Information, Marktpl. 2, ✆ 9696-33
Gh Zum Lamm, Hauptstr. 3, ✆ 9615-0, IV-V
Pz Döring, Hauptstr. 19, ✆ 335, I, 🐾
Pz Hack, Hollenbergstr. 10, ✆ 502, I-II, 🐾
🏠 Feriendorf Gomadingen, Kontakt: Familienstätte d. Ev. Gesamtkirchengemeinde Stuttgart, Stuttgarter Weg 1, ✆ 9698-0
🏠 Wanderheim Sternberg, Sonnenhalde 36, ✆ 1790
⛺ Zeltplatz Auf Eiche, Beim alten Sportplatz, ✆ 9696-0

Dapfen
Gh Zum Grünen Baum, Lautertalstr. 45, ✆ 421, II
Gh Zum Hirsch, Lautertalstr. 59, ✆ 427, IV-V

Marbach
Gh Gestütsgasthof Marbach, Am Dolderbach 15, ✆ 719, II

Engstingen
PLZ: 72829; Vorwahl: 07129
🛈 Gemeindeverwaltung, Kirchstr. 6, ✆ 9399-10

Großengstingen
H Engstinger Hof, Kleinengstinger Str. 2, ✆ 9389-0, III
Gh Bären, Trochtelfigner Str. 20, ✆ 7297, II

Haid
🏠 ALB-Traum Herberge, Eherhard-Finck-Str. 20, ✆ 932510, I-II

Kleinengstingen
Gh Adler, Reutlinger Flad 10, ✆ 3210, II-III

Hohenstein
PLZ: 72531; Vorwahl: 07387
🛈 Gemeindeverwaltung, Im Dorf 14, ✆ 987013

▲ Jugendzeltplatz Lottenhalde Eglingen, Kontakt: Forstamt Lichtenstein, Bernlocher Str. 2, 72531 Engstingen, ✆ 07129/9397-0

Steinhilben
PLZ: 72818; Vorwahl: 07124
🛈 Verkehrsamt Trochtelfingen, Rathauspl. 9, ✆ 48-21
Pz Weiss, Wilsinger Str. 21, ✆ 612, II

Trochtelfingen
PLZ: 72818; Vorwahl: 07124
🛈 Verkehrsamt, Rathauspl. 9, ✆ 48-21
H Rössle, Marktstr. 48, ✆ 925-0, III-IV
Gh Bräuhaus, Lindenpl. 6, ✆ 733, III
Pz Heinzelmann, Hohenbergstr. 55, ✆ 2436, II

Haid
Gh Haidhof, Haid 21, ✆ 322, III
🏠 Herberge ALB-Traum, Eberhard-Finckh-Str. 20, ✆ 07129/932510, I

Mägerkingen
PLZ: 72818; Vorwahl: 07124
🛈 Verkehrsamt Trochtelfingen, Rathauspl. 9, ✆ 48-21
Gh Hirsch, Kirchstr. 7, ✆ 2135, II

Gammertingen
PLZ: 72501; Vorwahl: 07574
🛈 Bürgermeisteramt, Hohenzollernstr. 5, ✆ 406-0
H Kreuz, Marktstr. 6, ✆ 93290, III-V

Hettingen
PLZ: 72513; Vorwahl: 07574
🛈 Bürgermeisteramt, Schloss, ✆ 9310-0

Veringenstadt
PLZ: 72519; Vorwahl: 07577
🛈 Bürgermeisteramt, ✆ 930-0

Bingen
PLZ: 72511; Vorwahl: 07571
🛈 Bürgermeisteramt, Hauptstr. 21, ✆ 7407-10
H Hohenzollern, Egelfigner Str. 11, ✆ 61155 od. 61156, IV-V

Sigmaringendorf
PLZ: 72517; Vorwahl: 07571
🛈 Bürgermeisteramt, ✆ 73050
P Pfefferle, Leopoldstr. 22, ✆ 2448
P Ponti, Oberndorf 8, ✆ 14852

Sigmaringen
PLZ: 72488; Vorwahl: 07571
🛈 Tourist Information, Schwabstr. 1, ✆ 106223
H Bären, Burgstr. 2, ✆ 12862, III-IV
H Fürstenhof, Zeppelinstr. 14, ✆ 72060, V
Gh Donau, Donaustr. 1, ✆ 4612, III-IV
Hg Jägerhof, Wentelstr. 4, ✆ 2021, III-IV
Gh Alter Fritz, Zimmerackerstr. 5, ✆ 12059, III
Gh Traube, Fürst-Wilhelm-Str. 19, ✆ 64510, III
P Gmeiner, Josefinenstr. 13, ✆ 13006, III-IV
P Pfefferle, Leopoldstr. 22, ✆ 2448, III
P Schmautz, Im Muckentäle 33, ✆ 51554, III
P Eichamt, Donaustr. 15, ✆ 14918, III-IV
Pz Leichtle, Bussenstr. 23, ✆ 5568, II
Pz Schäfer, Josefinenstr. 22, ✆ 13935, II
▲ Camping Sigmaringen, Georg-Zimmerer-Str. 19, ✆ 50411

Inzigkofen
PLZ: 72514; Vorwahl: 07571
🛈 Bürgermeisteramt Inzigkofen, ✆ 7307-0
Gh Kreuz, Rathausstr. 15, ✆ 51812, III
Pz Haus Armella, Weidenweg 2, ✆ 51696, I
Pz Riester, Kirchstr. 8, ✆ 14124
Fw Peter, Ziegelweg 14, ✆ 52332
Fw Höfflin, Goldregenweg 1, ✆ 12251

Menningen
PLZ: 88605; Vorwahl: 07575
🛈 Tourist-Information Messkirch, Conradin-Kreutzer-Str. 1, ✆ 206-46
Gh Adler, Leitishofen 35, ✆ 3157, IV

Messkirch
PLZ: 88605; Vorwahl: 07575
🛈 Tourist-Information, Conradin-Kreutzer-Str. 1, ✆ 206-46
H Adler-Alte Post, Adlerpl. 5, ✆ 822, IV-V
Pz Bitzer, Grabenstr. 15, ✆ 3469, II
Pz Erdmann, Schlossstr. 12, ✆ 1205, I
Pz Fischer, Mettenbachweg 17, ✆ 3526, II
Pz Glückler, Humboldtstr. 9, ✆ 3039, II
Pz Lipp, Siemensweg 2, ✆ 3426, II
Pz Gästehaus Lore, Museumsstr. 18, ✆ 3666, III-IV
Pz Kühnle, Anton-Gabele-Str. 12, ✆ 3603, I-II
Pz Janzen, Mettenbachweg 7, ✆ 3432, II
Pz Molzahn, Birkenweg 1, ✆ 3174, II
Pz Gmeiner, Im Ehnried 7, ✆ 3189, II
Pz Kohli, Ahornweg 3, ✆ 3445, II
Pz Eisele, Leibnitzstr. 1, ✆ 3332, II
Pz Schober, Mainrad-von-Au-Str. 10,

✆ 926444, II

Heudorf
Gh Krone, Am Kirchberg 1, ✆ 3248, II-III

Langenhart
Pz Marquart, Dorfstr. 22, ✆ 241, II

Rohrdorf
Pz Uhrenbacher, Heidorfer Str. 33, ✆ 93274, II

Stockach
PLZ: 78333; Vorwahl: 07771
🛈 Tourist-Info im Alten Forstamt, Salmannsweilerstr. 1, ✆ 802-300
H Fortuna, Bahnhofstr. 8, ✆ 91848-0, IV-V
H Paradies, Radolfzeller Str. 36, ✆ 3520, IV
H Zum Goldenen Ochsen, Zoznegger Str. 2, ✆ 9184-0, V-VI
H Zur Linde, Goethestr. 23, ✆ 61066, V-VI
Gh Bohl, Hauptstr. 41, ✆ 878690, IV
Gh zum Adler, Leonhardstr. 29, ✆ 3527, II
Pz Csymmeck, Hegaustr. 18, ✆ 1374, II
Pz Hegge, Schlehenweg 4, ✆ 3717, I
Pz Heine, Hecheln 18a, ✆ 271, I
Pz Hock, Obere Weinhalde 15, ✆ 1315, II
Pz Kaschny, Hansjakobstr. 1a, ✆ 2457, II
Pz Keller, Veitshöfe, ✆ 364, I-II

Pz Klotz, Steißlinger Str. 9, ✆ 2941, II
Pz Leppert, Höhenstr. 16, ✆ 2294, II
Pz Löffler, Aachbachstr. 16a, ✆ 1769, II
Pz Mühlherr, Wasserg. 22, ✆ 485, II
Pz Mühlherr, Aachbachstr. 1a, ✆ 1253, I
Pz Schille, Radolfzeller Str. 14, ✆ 2561, I
Pz Steppacher, Hansjakobstr. 5, ✆ 7470, I
Pz Utz, Sebastian-Kneipp-Str. 8, ✆ 7230, II
Pz Zoretic, V.-v.-Scheffel-str. 9, ✆ 4300, I

Hindelwangen
Gh Hindelwanger, Tuttlinger Str. 45, ✆ 2378, III
Pz Benzinger, Berlingerstr. 9, ✆ 3506, II
Pz Berchner, Kirchfeld 7, ✆ 3415, II
Pz Brosamer, Braunenbergstr. 12, ✆ 3887, I
Pz Lauer, Berlinerstr. 11, ✆ 3479, II

Mahlspüren im Tal
Gh Frieden, Friedenstr. 3, ✆ 3867, III

Wahlwies
Gh Ochsenstüble, Weberg. 5, ✆ 3631, II
P Forster, Im Blindt 4, ✆ 920538, III

Ludwigshafen
🛈 Tourist-Information, Hafenstr. 5, ✆ 930040
H Krone, Hauptstr. 25, ✆ 93130, IV-V

H Seehotel Adler, Hafenstr. 4, ✆ 93390, V-VI
H Zum Hafen, Parkstr. 1, ✆ 5207, V
Pz Buntz, Mühlbachstr., ✆ 7471, I, 🚭
Pz Eschle, Mühlbachstr. 9, ✆ 5001, II
Pz Karle, Schorenstr. 19, ✆ 5508, II
Pz Lindenmayer, Fuchsweg 9b, ✆ 5151, II
Pz Noller, Schlössleweg 1, ✆ 5309, II
Pz Schacher, Gartenstr. 11, ✆ 7662, II
Pz Sinner, Gießstr. 2, ✆ 7572, II
Pz Thum, Schorenstr. 8, ✆ 5571, I-II, 🚭
Pz Thum, Gartenstr. 4, ✆ 5429, II
Pz Wezel, Im Gröblen 4, ✆ 5989, II
Pz Wippermann, Hauptstr. 5, ✆ 0178/4328626, V
Pz Zimmermann, Radolfzeller Str. 13, ✆ 1249, II
⛺ Camping See-Ende, ✆ 5366

Bodman-Ludwigshafen
PLZ: 78351; Vorwahl: 07773
🛈 Tourist-Information, Seestr. 5, ✆ 939695
H Fischerhaus, Am Torkel 9, ✆ 5501, IV-V
H Seehaus, Kaiserpfalzstr. 21, ✆ 5662, IV-V
Hg Café Seerose, Seestr. 12, ✆ 5179, III, 🚭
Hg Sommerhaus am See, Kaiserpfalzstr. 67, ✆ 7682, IV-V
Gh Anker, Kaiserpfalzstr. 24, ✆ 5226, III-V
P Gästehaus Wagner, In der Stelle 42, ✆ 1318, III
Pz Kraus, Kaiserpfalzstr. 30, ✆ 56584, II
Pz Ledergerber, Im Weilergarten 1, ✆ 7670, II
Pz Meier, Untere Schlosshalde 21, ✆ 5513, II, 🚭
Pz Roth, Im Weiler 11, ✆ 1210, II, 🚭
Pz Scherzinger, Seestr. 26, ✆ 5492, II, 🚭

cycline - MountainBikeGuides

MountainBikeGuide
Schwarzwald Süd
Ringbuch, alle Seiten wasserfest laminiert; 1 : 35.000, Ortspl., ÜVZ, 160 S., € 14.90, ISBN 3-85000-101-6

MountainBikeGuide
Engadin
Ringbuch, alle Seiten wasserfest laminiert; 1 : 35.000, Ortspl., ÜVZ, 220 S., 31 Touren, € 16.90, ISBN 3-85000-169-5

MountainBikeGuide
Nationalpark Hohe Tauern
Ringbuch, alle Seiten wasserfest laminiert; 1 : 35.000, Ortspl., ÜVZ, 220 S., 41 Touren, € 16.90, ISBN 3-85000-171-7

MountainBikeGuide
Mallorca
1 : 50.000, Ortspl., ÜVZ, Ringbuch 200 S., € 14.90, ISBN 3-85000-073-7

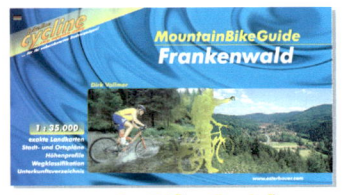

MountainBikeGuide
Frankenwald
Ringbuch, alle Seiten wasserfest laminiert; 1 : 35.000, Ortspl., ÜVZ, 100 S., € 14.90, ISBN 3-85000-102-4

MountainBikeGuide
Reschenpass – Nauders
Ringbuch, alle Seiten wasserfest laminiert; 1 : 35.000, Ortspl., ÜVZ, ca. 120 S., 24 Touren, € 16.90, ISBN 3-85000-168-7

MountainBikeGuide
Vinschgau
Ringbuch, alle Seiten wasserfest laminiert; 1 : 35.000, Ortspl., ÜVZ, ca. 220 S., 28 Touren, € 16.90, ISBN 3-85000-170-9

Weitere *cycline*®-MountainBikeGuides sind in Vorbereitung. Alle Informationen dazu, sowie zu unseren *bikeline*®-Radtourenbüchern und *cycline*®-Radkarten finden Sie unter

www.esterbauer.com

Ihre Reisenotizen:

Ortsindex

Einträge in **grüner Schrift** beziehen sich aufs Übernachtungsverzeichnis.

A
Aalen	27, **89**
Affalterried	**89**
Aichelberg	48

B
Bad Boll	45, **91**
Bad Urach	55, **91**
Baldingen	**88**
Bernlohe	26
Bettringen	**90**
Bichtlingen	82
Bingen	72, **94**
Bissingen a. d. Teck	49
Bleichstetten	**93**
Bodman-Ludwigshafen	**95**
Böhringen-Römerstein	52, **91**
Boll	45
Bopfingen	21, **89**
Bopfingen-Aufhausen	22
Brastelburg	**89**
Bronnen	68
Buch	34

D
Dapfen	**93**
Dauerwang	30
Degenfeld	**90**
Dettingen/Erms	58, **92**
Donnstetten-Rämerstein	52
Donnstetten-Römerstein	**91**
Donzdorf	40, **91**
Dürnau	45

E
Ebnat	**89**
Eckwälden	**91**
Egelfingen	72
Engelswies	79
Engstingen	66, **93**
Eningen u. A.	61, **93**
Eschenbach	44
Essingen	30, **90**

G
Gächingen	**93**
Gammelshausen	45, **91**
Gammertingen	68, **94**
Glems	60, **92**
Gomadingen	63, **93**
Grabenstetten	54, **91**
Großengstingen	**93**
Grünbach	40

H
Haid	**94**
Hardhöfe	83
Hepsisau	50
Hermentingen	70
Hettingen	69, **94**
Heubach	32, **90**
Heudorf	**94**
Himmlingen	26
Hindelwangen	**95**
Hitzkofen	73
Hofen	**89**
Hohenstein	**93**
Holzmaden	48
Hülen	24
Hussenhofen	**90**

I
Inzigkofen	77, **94**

K
Kleinengstingen	**93**

L
Laiz	77
Langenhart	**94**
Laucherthal	74
Lauchertsee	68
Lauchheim	24, **89**
Lauterburg	**90**
Lautern	32
Lauterstein	40, **90**
Lonsingen	**93**
Ludwigshafen	86, **95**

M

Mägerkingen	67, 94
Mahlspüren im Tal	95
Mantelhof	30
Marbach	93
Mariaberg	68
Meidelstetten	66
Menningen	79, 94
Messkirch	80, 94
Metzingen	60, 92

N

Nähermemmingen	20
Neidlingen	50
Neuhausen	92
Nördlingen	16, 88

O

Oberalfingen	89
Oberkochen	26, 89
Oberrifflingen	23
Offenhausen	63, 93

R

Rechberg	39, 90
Reichenbach	91
Reutlingen	61, 92
Riesbürg	20
Rohrdorf	94
Röthardt	89

S

Schlat	44, 91
Schopfloch	51
Schwäbisch Gmünd	36, 90
Sigmaringen	75, 94
Sigmaringendorf	74, 94
Sirchingen	92
Steinhilben	66, 93
Stockach	84, 95
Straßdorf	90

T

Treppach	89
Trochtelfingen	21, 66, 94

U

Unterkochen	26, 89
Upfingen	93
Ursaul	85
Utzmemmingen	88

V

Veringenstadt	70, 94
Vilsingen	79

W

Wahlwies	95
Waldhausen	89
Waldstetten	39, 90
Wasseralfingen	89
Weilerstoffel	39, 90
Weilheim a. d. Teck	48
Winterspüren	86
Wißgoldingen	90
Wittlingen	92
Würtingen	93

Z

Zainingen	91
Zimmern	34
Zoznegg	84

bikeline Catalog

1	Rund ums IJsselmeer / Internationale Dollard-Route / Radatlas Ost-Friesland / Nordseeküsten-Radweg 1 / Nordseeküsten-Radweg 2 / Nordseeküsten-Radweg 3 / Nordseeküsten-Radweg 4 / Radfernweg Berlin–Kopenhagen
2	Radatlas Niederrhein / Weser-Radweg / Deutsche Fehnroute / 100 Schlösser im Münsterland / Lüneburger Heide-Radweg / Limfjord-Route / Radatlas Mecklenburgische Seen / Ostseeküsten-Radweg
3	Rhein-Radweg 3 / Radatlas Vulkaneifel / Leine-Radweg / Ems-Radweg / Elbe-Radweg 2 / Elbe-Radweg 1 / Berliner Mauer-Radweg / Ostseeküsten-Radweg 2
4	Rhein-Radweg 2 / Mosel-Radweg / Ruhr-Radweg / Lahntal-Radweg / Fulda-Radweg / Muldental-Radweg / Radatlas Brandenburg / Oder-Neiße-Radweg
5	Rhein-Radweg 1 / Saar-Radweg / Saarland-Radweg / Deutsche Burgenstraße / Main-Radweg / Main-Tauber-Fränkischer Rad-Achter / Radatlas Brandenburg / Spree-Radweg
6	Neckar-Radweg / Nahe-Radweg / Deutscher Limes-Radweg / Drei Täler-Radweg / Radatlas Donau-Allgäu / Liebliches Taubertal / Werratal-Radweg / Rennsteig-Radweg
7	Iller-Radweg / Kocher-Jagst-Radweg / Bodensee-Radweg / Donau-Bodensee-Radweg / Iller-Radweg / Radatlas München / Tour de Baroque / Fünf-Flüsse
8	Enz-Nagold-Radweg / Lenne-Route / Bodensee-Königssee-Radweg / Europa-Radweg R1 / NiederRheinroute / Via Claudia Augusta / Deutscher Limes-Radweg / Schwäbischer-Alb-Radweg